U0011730

柏林繼續叛逆

——寫給自由

陳思宏

Achim Plum——攝影

叛逆不孤單（自序）

為何繼續？

二〇一一年十二月，《叛逆柏林》出版之後，我在柏林多次巧遇台灣來的讀者。

第一次遇見讀者，是柏林文化嘉年華，一個大男孩跑來問我：「請問你是陳思宏嗎？」他讀了我的書，就來了。我們在嘉年華裡合照，男孩說他剛剛到柏林，想不到，就遇見我了。

機場巴士，一位女孩從背包拿出《叛逆柏林》，公車搖晃，我在書頁上簽下潦草。地鐵月台，幾位背包客拍拍我的肩膀，從背包底層挖出翻爛的《叛逆柏林》。他們拿著我的書去找廢墟，正準備出發去拜訪集中營。

歌劇院門口，一位上年紀的女士對我微笑，中場休息，她前來致意：「怕打擾你，但還是想跟你說，讀你的書很愉快。」

最奇怪的地方是餐廳男廁，靦腆的男孩問：「請問，我可以跟你合照嗎？我喜歡你的書。」我們用手機自拍合照，背後有人正在小解。

有許多讀者寫信來，一位讀者讓我印象特別深刻：「謝謝你的書寫。我嫁來柏林一年了，一直不太敢出門。讀完你的書，我決定也出門找我的叛逆。」

書寫者以文字召集，讀者以不同的方式回應，各自反骨。雖然這樣的叛逆不是暢銷壯大臉書五萬人按讚，但對我來說，這一點都不冷清。

原來，我不孤單。

兩年過去了，柏林還依然叛逆嗎？

這兩年來，柏林面臨了許多變化。柏林的勁道不是金融或工業，而是繽紛頑強的文化實力，主流沒有全面勝利，非主流總能找到土壤生長，枝葉茂盛。但是這兩年來，都更海嘯造訪，紳士化擴張，房價房租飛漲，城市表皮開始改變，新建的高級公寓迅速售罄。皺皮可以拉提，刺青可以雷射，但外表下的皮肉骨骼血液精神靈魂呢？柏林圍牆是否成了遙遠模糊的過往煙塵？戰爭的傷痕是否只停留在教科書裡？納粹的幽魂已經消逝了嗎？作家藝術家還有力氣造反嗎？偏見呢？歧視呢？平民百姓如何面對歷史創傷？是否，叛逆已成前塵，此刻修文偃武，昇平無妖虐，塗鴉被洗去，多元族裔皆安撫，歌舞資本，抗爭休止？

還好，還好，叛逆依然繼續，叛逆未完。

這本書承接《叛逆柏林》，我不寫光鮮亮麗、淺白政宣、貴婦士紳、觀光指南、美食購物，驅動文字的，是小人物的生存掙扎與歷史地景。我寫歷史、生死、教育、族裔、性別、藝術，持續關注城市歷史汙垢與邊緣地帶，邀請人道入文字。觀光書裡從來不缺光潔亮麗的柏林圖片，但真正激發我興趣的，是所謂底層的、骯髒的、低下的、邊緣的。貼著地生活的人，奮力匍匐，雙臂與地面摩擦出強大的故事火花。最平凡的，其實，往往最多情。

是的，底層很多情，毋需華麗修飾，於是少了官腔虛偽，話語裡多了粗礫真摯。我聆聽，寫下這些感動我的故事。這本書裡的每個叛逆故事，都渴求、珍惜自由，並且，充滿了愛。

這本書，寫給叛逆的讀者。特別是在文化嘉年華裡跟我打招呼的男孩，當我正在猶豫要不要繼續以書的規模書寫柏林時，我再度在柏林的日本餐廳裡巧遇他。當時，我和三位台灣朋友聚餐，服務生忽然送上四瓶我們根本沒點的啤酒，說是隔壁桌送的。我們從沒被陌生人請喝酒，完全不知如何反應，沒起身去致意感謝，不敢回頭看隔壁桌，竟然就只是尷尬地喝免費啤酒。隔壁桌起身過來致意，原來，是嘉年華裡的那個男孩，臉上多了大鬍子。我用視線撥開鬍子，認出那和善的眼神。一年多前，我在那雙眼睛裡看到了些許恐懼與遲疑，再度相遇，他多了自信與從容。
我沒多問，但我猜想，他在柏林實踐了叛逆。

在三百萬人口的柏林市，我們巧遇了兩次。
啤酒喝光光，我當時在心裡下了決定。繼續吧。
因為叛逆可延續，書寫有回音，我真的不孤單。
我們在柏林，跟城市一起，繼續叛逆。不管你在哪裡，不一定要來柏林，但請接受我的文字邀約，啟程，一起叛逆吧。

特別感謝：九歌出版社、健行出版社所有可愛的文字工作者。《文訊》杜秀卿。《國語日報》王秀蘭。《中學生報》黃聰俊。本書攝影師 Achim Plum。《藝術收藏+設計》林志鴻。王盛弘。孫梓評。果明珠。巫維珍。謝謝他們的邀稿與督促。還有持續支持文學的國藝會。

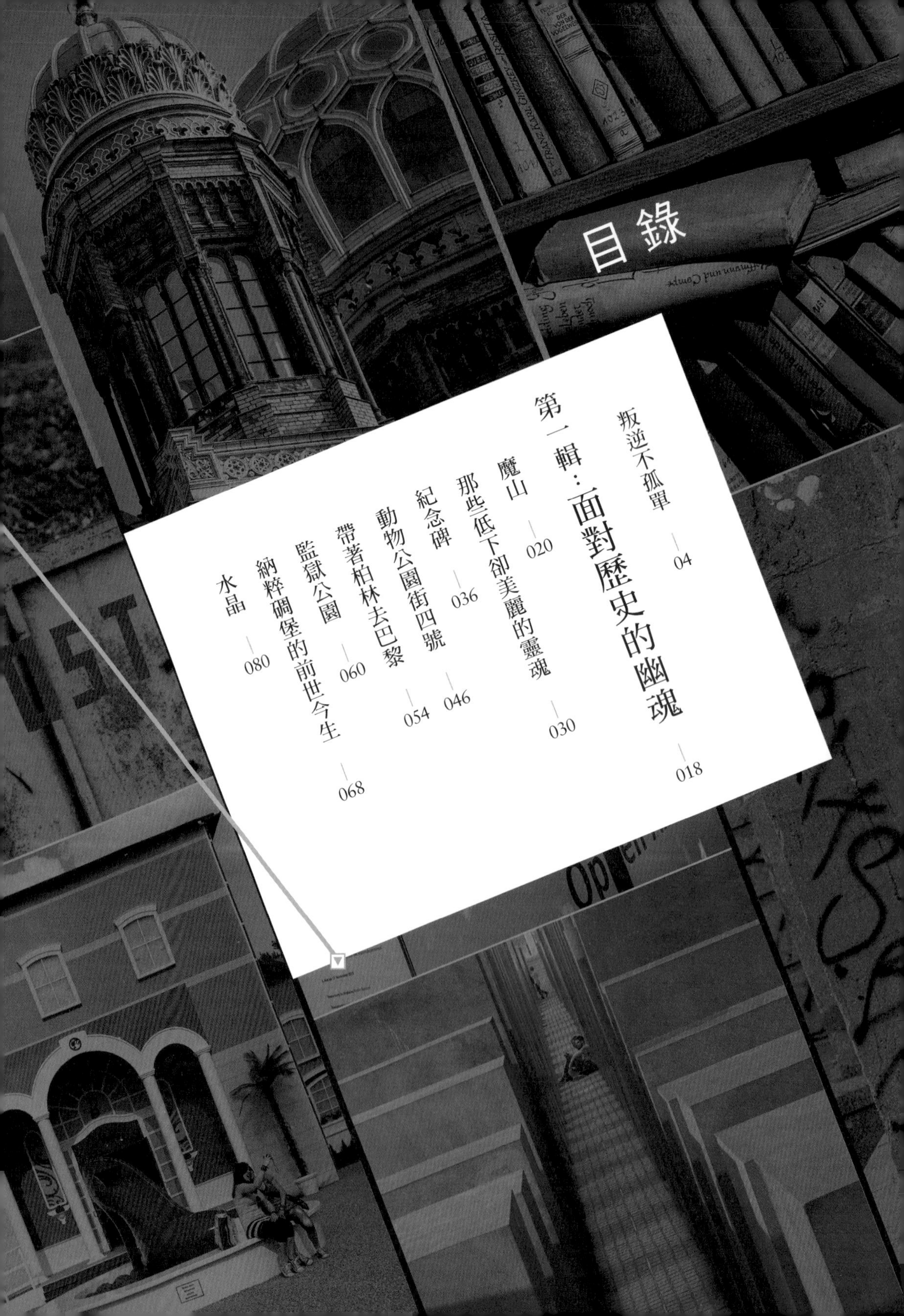

目錄

Der Zauberberg
Kundrystraße
B XB 103

30
ZONE
BÜCH
HHANDLUNG
GUTE
B DH 8684

BIERHOF
RÜDERSDORF
KNALL ART
KNALL ART

Teil 1

面對歷史的幽魂

Zauberberg
魔山

迷路時，我走進魔山。

那簡直是設定好的巧遇場景：炎熱的柏林夏天，我在寧靜的社區裡尋找舞者朋友S的公寓。社區裡商店稀疏，人車皆靜，手上的電子羅盤似乎被曬壞了，地圖定位失敗，我一路迷途，眼見皆陌生。蟲在行道樹上慵懶鳴叫，肥胖的胡蜂狂吻花圃裡的牡丹，一位老婦人拖著買菜籃慢慢走過。我揮汗抬頭，看到了寫著「魔山」（Der Zauberberg）的藍色小招牌。我站在街邊觀看「魔山」的櫥窗，全都是文學書籍，還有精美的童話繪本。反正迷路，就進去逛逛吧。我走進這間街角書店，老闆微笑問好，我偷偷深呼吸，視線快速移動，幾秒鐘，我就確定，我找到了我在柏林最愛的書店了。

「魔山」，真的是我心目中，理想的書店。

這裡，不賣咖啡糕餅，單純賣書。我愛咖啡，但咖啡是蜜糖，招惹人聲嗡嗡，有咖啡就一定有咖啡桌，桌上有指尖與鍵盤擊掌、口語生是非、咖啡拍打口腔海岸，對我這種極易分心的人，書店、咖啡館的複合式經營，只會讓我忘了書籍的存在。「魔山」純粹賣書，打開藍色的店門，嗅覺會立即在腦內召喚閱讀，這裡有紙張的、油墨的厚重味道，沒有任何咖啡干擾。

魔山書店外觀。

魔山的藍色門口。

這裡，有最簡單的裝潢，藍色窗框，白灰牆壁，黑色書架，讓讀者登高取書的木梯子，幾盞溫暖的燈。書架上方，貼滿了作家群像：吳爾芙、卡夫卡、貝克特、托馬斯・伯恩哈德（Thomas Bernhard）、尤迪特・賀爾曼（Judith Hermann），與讀者對望。靠街邊的角落，有綠色沙發、小圓桌、幾張椅子。我總是在店裡選本書，把自己埋入綠色沙發裡，安靜地閱讀，考慮著是否要把手上的書帶回家。這是我在柏林，最愛的文學角落。

店裡不放音樂，顧客稀少的暑假，聽覺只能抓取到老闆整理書的聲音。在家裡寫作，電腦隨時尖叫送來遠方的耳語，音響彈完蕭邦立即大唱費歐娜・艾波（Fiona Apple），我跟大部分現代人一樣，享受社群網站的干擾，甘願讓樂音暫時癱瘓思考。但在「魔山」，我可以靜靜地，專心選書，讀書，買書。

「魔山」只賣文學書以及精美繪本童書，沒有靈修成長勵志減肥致富養生成名找

伴時尚健身瑜伽。彷彿那扇藍色店門就是個文學篩網，卡夫卡開門就溜進入駐，網路輕盈小說找不到門把。

店裡的角落有兩張古老的書桌，老先生哈若爾德・洛赫（Harald Loch）與娜塔莉亞・劉布里娜（Natalia Liublina）女士各自坐在書桌前，處理書單、接電話、幫讀者結帳。我每次在書店裡流連，總感覺這個文學書店有強烈的故事磁場。某天，我終於忍不住開口討故事。洛赫先生當時正在忙，他說，改天再來，我們好好聊。

聽故事那天，剛好在台灣從事出版的W與女友來訪，我們三個台灣人變成等待童話的小孩，洛赫先生坐進綠色沙發，故事啟程。

「魔山」的前身，是俄國人安德烈亞斯・沃夫（Andreas Wolf）於一九三一年創立的書店，今年七十一歲的洛赫先生還清

魔山書店全景拍攝。

楚記得，六十年前，他就在這裡買了一本古希臘文法的書。多年來，他一直保持在這裡買書的習慣。二〇〇九年，他接下經營的責任，以「魔山」為名，開啟書店的另一篇章。為何稱之「魔山」？除了與托馬斯・曼著名的小說同名之外，最主要是因為他覺得文學書宛如魔術，令人著迷。這個轉角的書店，是他成長過程的重要文學回憶，褪下律師的身分後，他決定在書店裡展開全新的退休生涯，成為書店主人，並且寫書評，他說這是他的「第二人生」。綠色沙發前的小圓桌上，就擺著出版社寄來的未出版的小說稿，他評讀完之後，再決定是否要選購這本書在店裡販賣。

W深知台灣書店經營的現況，書店擺上的書，要是沒被讀者買走，就會遭到退書的命運。W問洛赫先生，這樣一間獨立書店，是否也會退書呢？洛赫先生驕傲地說：「不，這些書，都是我們的書。我們讀過之後喜歡，跟出版社訂購，才在架上陳列，我們不會退給出版社。」那句「我們的書」，撞進了我的身體。這些都是書店主人精選過的文學書籍，跟暢銷排行榜毫無瓜葛，是寶藏，是珠玉，店長親自篩選淘洗過，開店與讀者分享。

幾天後，我又打開那道藍色的門，洛赫先生正在忙著盤點，他知道我又來討故事的

以經營魔山展開第二人生的洛赫先生。

以經營魔山展開第二人生的洛赫先生，進入祕密地下室。

糖，只說：「等一下，我帶你去地下室，拜訪祕密。」

我在書店裡的童書區選了繪本，坐下來細讀。我也發現之前居住在台灣的德國作者施益堅（Stephan Thome）的《邊境行走》（*Grenzgang*），看到我翻閱《邊境行走》的平裝本，洛赫先生說起：「你知道作者住過台灣嗎？他之前有來我這邊朗讀這本書，我很期待他的第二本小說。」我說起幾年前在台北與施益堅短暫結識的過程，當時，我完全不知道他在寫作。文學的話題開啟，洛赫先生發現我也是個文學人，放下手邊的盤點說：「走，我們去地下室。」

突然，他把古老的書桌用力往旁邊挪，把地上的一塊綠色墊子拿開，一道通往地下室的門，出現了。他掀開門，身手靈活走下木梯：「來！」

我走下木梯，眼前出現一個祕密的地下圖書館，我震驚無言。地下室有一盞昏黃燈光，蜘蛛網放肆，老舊書籍放置在書架上，散發著歲月的氣息。洛赫先生開始說故事，納粹掌權期間，許多書籍都成為禁書，沃夫先

生就在這個祕密的地下室裡，開始經營禁書圖書館。知道這個圖書館的人們，都必須獲得沃夫先生的信任，才能進入這個地下祕密圖書館，把被納粹禁止的書籍偷偷帶回家閱讀，二十四小時內必須歸還。那是一個柏林的祕密閱讀組織，以閱讀，翻越納粹高築的思想控制牆。希特勒曾下令燒掉禁書，一把火熊熊，企圖燒掉不受控的知識。但在這個角落書店裡，有個祕密地下室，來借書的讀者冒著危險，在閱讀裡，享受走私來的自由。

這狹窄的地下室，因為閱讀，而有了無限的自由空間。我在這空間裡，絲毫不感覺到幽閉，當年的每一次祕密借閱，就是一次自由的伸展。閱讀，果真讓人自由。

只可惜，納粹當年做過的那些蠢事，至今仍在許多國家被徹底執行。書籍被審查控制，網路被監看，社群網站上的幾句書寫，可能會惹來囹圄之災。但「魔山」裡的這間地下室，繼續以各種不同的形式在不同的疆界與時空存在。這地下室是個完美的文學隱喻，翻開書，靜下來，閱讀就是自己最私密的時刻，閱讀是無人可管的疆界，閱讀是魔術，閱讀是自由。

洛赫先生說，有時候會有整班的學生來訪，一個接一個跟著他進入這個祕密閱讀基地。他會細說納粹的禁書政策，鼓勵學生們閱讀。他致力保存地下室原貌，這是這間街角書店，最寶貴的人類資產。

關上地下室的門，放回綠色墊子，把書桌推回，不知情的人，永遠不知道那裡藏著一個精采的故事。短短的地下室拜訪，我有看了一部電影的豐富感受。

我買下繪本，告別。洛赫先生說，記得下次來參加店裡的朗讀活動，店裡的許多書架都是裝有輪子的，朗讀時刻，把書架推開，讀者們排排坐聽作者聲音，是書店裡持續累積的文學聲響回憶，歡迎一起來建築這共同的回憶。

我在當兵時，讀完《魔山》這本厚重小說。小說主角漢斯・卡司托普（Hans Castorp）在山上的療養院裡，遇見各式各樣的人物，與我高山雷達站服役的際遇類似，一進魔山身難退，怪奇人物紛沓來。我覺得洛赫先生也像《魔山》裡的漢斯・卡司托普，書店裡，隨時都有各種人物走進來。

離開「魔山」，我發現洛赫先生是猶太人。一定，還有更多故事。

下次，再來推開藍色的門，聽故事。

我喜歡的綠沙發角落。

Isherwood
那些低下卻美麗的靈魂

我在柏林夜半偶遇克利斯多福・伊薛伍德（Christopher Isherwood），醺醉踉蹌，身邊的友人用嘔吐點綴夜色。當時未滿三十，肌骨燥熱，眼井乾渴，想看遍柏林放縱的夜晚潮水風流。那晚，我看到了皮鞭、長靴、面具，見證陌生肌膚互相接觸瞬間焚燒，聽見墮落張揚的愛語，聞到髮酸花香腋臭。不脫上衣否則不得入場的俱樂部裡，陌生人的名片塞進我汗濕的牛仔褲。我和朋友們在街邊唱歌，有人吐有人哭，酒量很差的我坐在街邊傻笑。朋友指著我身後的房子說：「啊，伊薛伍德以前就住這裡啊。」我轉身抬頭，發現一塊長方的紀念匾上面寫著：「一九二九年三月至一九三三年一月／二月，英國作家克利斯多福・伊薛伍德住在此地。」

這相遇太意外，我們決定就坐在街邊，一起和伊薛伍德等黎明。他跟我一樣，是在柏林寫作的外國人，我們都寫柏林，而且今晚，我們都眼見墮落。

一九二九年，伊薛伍德來到了柏林，住進了這棟位於諾藍多夫街十七號（Nollendorfstr. 17）的房子，把期間經歷寫成了《柏林最後列車》（*Mr. Norris Changes Trains*）與《再見，柏林》

我轉身抬頭，發現一塊長方的紀念匾上面寫著：「一九二九年三月至一九三三年一月／二月，英國作家克利斯多福 ・ 伊薛伍德住在此地。」

（*Goodbye to Berlin*），兩本自傳性濃厚的書合併稱為《柏林故事集》（*The Berlin Stories*）。當時的柏林政局震盪，納粹逐漸興起，共產勢力革命對抗，猶太社群自危，貧富差距大，城市不安欲碎，地下文化翻攪。伊薛伍德在這個不安卻放浪的城市結識了貧賤與富貴，白天當英文家教，入夜後體驗次文化，眼觀自由與暴力，以小說體記錄了這段柏林旅程。

伊薛伍德擅長寫人，外國人、柏林人、猶太人、邊緣人，各路小人物在納粹崛起的城市掙扎求生，各有自己的革命故事。

他寫道：「我是一台不閉快門的相機，完全被動，不斷記錄，毫不思考。」他以第一人稱敘述書寫《柏林故事集》，冷靜旁觀記錄，寫性、湖邊別墅同志派對、妓女、肉體、騙子，不掀衣不顯骨，但是字裡可擰出海風熱汗，婊子浪人都有精采立體的顯影。他筆下的莎莉・鮑爾斯是個來柏林找夢的英國女孩，德文破爛，粗俗熱情，指甲塗成翠綠色，菸癮酒癮跟成名的決心一樣強烈，在俱樂部裡獻唱，四處尋恩客，巴望著成為電影明星。電影《酒店》（*Cabaret*）就是改編自伊薛伍德的小說，聚焦莎莉・鮑爾斯，由萊莎・明妮莉（Liza Minelli）演出，成為影史上經典的女性角色。莎莉・鮑爾斯肉慾拜金，愛恨模糊，亂世裡充滿求生的意志，伊薛伍德創造了一個熾熱的女角，低俗卻美麗。

他寫在亂世非法掙錢的亞瑟・諾里斯，描繪了一場肉慾的新年派對，妓女SM，抽打的鞭響溢出紙頁。他寫施洛德女士，歷經戰亂、通膨的女房東，話語江瀑滔滔，隨時準備調整身體姿態與政治信念，只為了活下來。他寫出身工人階級的柏林男生奧托・諾瓦克，金髮濃密，體壯野蠻，男女通吃。他寫猶太家庭藍道爾從富裕到被納粹迫害，筆鋒冷靜，卻有刀刃割裂力道。所有的角色，都跟那個時代一起，緩緩走向墜落，那是個經濟崩潰的柏林年代，希特勒大唱國族，以集體主義排他，帶領整體走向極端。讀伊薛伍德的冷靜，看那個時代的瘋癲，忍不住冷顫。

伊薛伍德的柏林影響了好幾個世代，音樂劇與電影帶觀眾重回癲狂的柏林，跟著萊莎・明妮莉舞動歌唱《我的先生》（*Mein Herr*），身體穿越到那個性自由的年代。大衛・

英國作家克利斯多福・伊薛伍德的柏林故居，門口設有紀念匾。

ER WOHNTE VON MÄRZ 1929 BIS JAN./FEB. 1933
ER ENGLISCHE SCHRIFTSTELLER
CHRISTOPHER ISHERWOOD
* 26. 8. 1904 † 5. 1. 1986
EINE ROMANE „LEBWOHL BERLIN" UND
MISTER NORRIS STEIGT UM" BASIEREN AUF
EINEN ERLEBNISSEN AUS DIESER ZEIT.
ACH MOTIVEN BEIDER ROMANE ENTSTAND
PÄTER DAS MUSICAL „CABARET".
17
H100

鮑伊（David Bowie）閱讀、也認識了伊薛伍德，一九七六年，他親自來到了被圍牆包圍的西柏林，每天騎著單車到處鬼混，去同志酒吧，去地下場所，與布萊恩・伊諾（Brian Eno）實驗新音樂，聽他那時的歌聲就知道，自由，柏林給他自由。

此刻，《酒店》音樂劇正在柏林上演，觀眾在劇場裡回到一九三〇年代的柏林，歌舞靡靡，肢體狎褻。但離開劇場後，讀者拿伊薛伍德《柏林故事集》按圖索驥，會不會失望？那個柏林，不在了吧？

景物全非，但，人還在。

工人階級、一身筋肉、粗魯純真的柏林男孩，我居住的這區就一把抓，盛夏裡他們把上衣脫了，在街上赤腳喝啤酒嘶吼，今天親男孩，明天交女友，都是奧托・諾瓦克。希冀拍電影成名的女孩在名人出沒的酒吧、餐廳流連，聽到對方是製片人，馬上神色迷濛、姿態妖嬈，說自己會唱會演會跳，莎莉・鮑爾斯穿越時空來附身。城市裡到處都是換伴俱樂部、性愛夜店，掀開城市的皮膚表層，就會看到下面的火紅血液自由竄流，不羈真柏林。

伊薛伍德所處的柏林，大家都窮，與房租拉鋸，住在分租的公寓裡。我許多柏林朋友，也都只能住得起分租公寓，德文稱為Wohngemeinschaft，簡稱WG。WG裡，你是作家，我是演員，她是妓女，房租交不出來乾脆用客廳的新鮮大麻抵。伊薛伍德的作者身分，在當時的柏林備受敬重，我向陌生人說我寫著不暢銷的小說，總是獲得真誠的崇敬眼光。市長是公開的男同志，愛派對愛浮華場所，我在女同志婚禮上見過他，看到的事閉嘴噓噓噓就當做柏林眾多的軼事之一，隔天就忘。伊薛伍德所處的柏林，隨時都有街頭抗爭，納粹與共黨在街頭戰鬥。此時的柏林，抗議活動隨處可見，吶喊要更多的自由、反核，政府不得不傾聽。

讀《柏林故事集》，我們更加確定，我們需要文學，我們需要作者。作者幫我們活過不同的時代與空間，用書寫記錄人們的呼吸與軌跡。伊薛伍德寫下納粹掌權下的脆弱城市氣氛，猶太人與左派被殘暴對待，人類史上最血腥的屠殺即將全面展開。

時值台灣抗議風潮大起，拆民房、虐士兵、辯核四、簽服貿，主政者以警察追捕圍堵抗議。主政者大概忘了文學的力量，伊薛伍德筆下的納粹醜態不是只印一兩本就算了，而是翻譯成各國語言，上了舞台，拍成電影，世紀流傳。作家們正以書寫參與時代，他們眼睛犀利，在各個角落寫下島嶼故事集。傲慢的主事者將在文學裡被記錄，經濟地位低下卻美麗的寫作靈魂，會讓他們穿越時代，下個世紀還繼續被唸。

《柏林故事集》不只寫給柏林，而是，寫給自由。

Denkmal

紀念碑

這座城市，到處都有紀念碑。

我站在「特爾佩托爾公園蘇聯紀念碑」（Sowjetisches Ehrenmal im Treptower Park），仰望著雄偉的戰士雕像。這高達十二公尺的戰士雕像身穿披風軍服，右手持劍，左手抱著小孩，腳下踩著碎裂的納粹「卐」標誌。他身材魁梧，面容英俊，完全是個理想化的英雄戰士形象，把人民從苦難當中解放出來。我仰望著他，思索歷史詮釋的角度，他是個英雄嗎？是誰的英雄？對我來說，這個戰爭英雄形象實在是太陽剛，幾乎是漫畫式的誇張歌頌，凝視雕像，彷彿就可以聽到百人編制的交響樂團演奏史詩行進樂曲，音符悲壯恢宏，讚揚戰爭英雄的凱旋。

一九四五年四月到五月間，第二次世界大戰接近尾聲，蘇聯紅軍從東邊猛攻柏林，史稱「柏林戰役」（Schlacht um Berlin）。這場慘烈的戰役，蘇聯紅軍犧牲了八萬大軍才拿下柏林，促成希特勒自殺，納粹德軍正式投降，二次世界大戰終於結束。為了紀念這些客死異鄉的蘇聯士兵，蘇聯在柏林興建三座紀念碑與墓園，這個戰士雕

「特爾佩托爾公園蘇聯紀念碑」。
這高達十二公尺的戰士雕像身穿披風軍服，右手持劍，左手抱著小孩，腳下踩著碎裂的納粹「卐」標誌。

像所在的紀念公園，是其中佔地最廣的。這個紀念公園充滿對稱的共產主義美學，雄偉誇張，政治宣傳意味濃厚。在中國以及許多前共產東歐國家，我見過許多類似的紀念碑，宣揚共產主義的革命使命。

這個魁梧的戰士雕像，象徵著所有在「柏林戰役」慘死的蘇聯士兵。他踩碎了納粹，手抱著在戰事當中受苦受難的德國孩童，以堅定的眼神，拯救德國人民，打倒邪惡的納粹。戰後柏林東西被戰勝國分割，這座位於東柏林的紀念雕像，就成了蘇聯在前東德的重要政治宣傳象徵，提醒德國人民，當初打倒希特勒、解放柏林的，不是英軍，也不是美軍，而是蘇聯紅軍。

只是，在冷戰期間，美蘇對立，柏林圍牆阻隔，對於歷史的詮釋，就有完全不同的角度。我幾個從小在前西德長大的朋友，談到這個雕像，都有許多複雜的情緒。有個朋友說，柏林圍牆倒塌之後，他特地來東柏林拜訪這座公園，看到雕像，忍不住皺眉。從小，他就靠媒體、電影對蘇聯陣營勾勒想像，幾乎把蘇聯認定為惡魔黨，殺人無數，隨時準備用核彈消滅西方民主陣營。這象徵蘇聯紅軍英雄的雕像，在他眼中扭曲變形，變成披羊皮的狼。但後來他在職場上認識了在前東德長大的同事，才發現對方談到這座雕像，語氣卻滿滿是景仰。果然史書撰寫者的政治角度，會直接影響歷史的紀錄。柏林圍牆對民主西方來說是阻隔人民遷徙自由的冷戰建築，對已經解體的前共產陣營來說，卻是抵擋資本主義滲透的堅實堡壘。你認定的「解放」，說不定就是我眼中的「侵略」。

我馬上提到台灣的中正紀念堂，有人視為民族英雄的紀念館，有人則視為獨裁者的政治廟宇。如今這個紀念蔣介石的廣場，成為許多公民運動與抗議的發生地。蔣介石在世時最厭惡的抗爭，如今在他的雕像前不斷上演。紀念廣場上多種聲音齊發，公民運動就地肢解集權。熾熱的民間運動，讓「紀念堂」的意義不再單一，不只紀念、謳歌有人權汙點的前總統，廣場開放，請公民前來一起書寫歷史。

或許是因為我從小在台灣的反共教育當中長大，對「蘇聯紀念碑」這種過於理想化的宏偉雕像也沒太多好感。這雕像太過美化，把戰爭的本質榮耀化，其實慘烈的戰爭都是少數掌權者的野心布局，以肉身擋子彈的，都是被徵調的平凡百姓。捐軀疆場的死亡時刻，戰士們對人世的依戀，是故鄉的家人愛人，還是偉大的國家政府呢？殺戮裡，有英雄嗎？

「特爾佩托特公園蘇聯紀念碑」內部，有充滿共產美學的壁畫，供參訪者獻花。

不同於蘇聯紀念碑的英雄塑造，布蘭登堡大門（Brandenburger Tor）旁的「歐洲猶太被害紀念碑」（Denkmal für die ermordeten Juden Europas），則是新世紀的紀念碑風格，簡潔、抽象、低調。設計師彼得・艾森曼（Peter Eisenman）在四・七公頃的土地上，矗立了二七一一個混凝土碑，這些高度不一的碑色調灰冷，矩陣排列，觀者遠看，立即會感受到肅穆的冰冷，紀念碑造型就如墓園。我每次帶來訪的朋友走進這混凝土碑矩陣，都有暈眩的感受，建築師刻意讓地面不規則波浪起伏，走到紀念碑的中心，整個人彷彿被高聳的混凝土碑給埋沒，視線遮蔽，與世阻隔，天空變窄。其實這個紀念碑看似抽象，但只要一走進去，靜下心來去體會，一定就會瞭解建築師的用意。他讓人們去實地體會崎嶇，走進生命暗處，以此隱喻歐洲猶太人的被納粹大屠殺的苦難史。觀者可以帶著任何歷史的角度來訪，但絕對都會有不太舒服的壓迫感，那是個人類史上的屠殺浩劫，不管你持哪個角度，讀哪本史書，都無法忘記或者抹滅。這四・七公頃的土地是黃金地段，政府大可以拿來蓋商場或者豪宅，但柏林選擇了興建紀念碑。少賺很多錢，但因為紀念碑直視髒污過往，這城市面對世界時，背可以挺直。

我每次來「歐洲猶太被害紀念碑」，都會看到喧嘩的各國年輕人，在混凝土碑上跳躍，把矩陣當迷宮，笑鬧玩捉迷藏。此地因為建構造型特殊，現代感十足，許多人來這裡拍下旅遊寫真，連台灣知名偶像歌手也來此地拍攝專輯照片。其實，這些冰冷的碑，是紀念屠殺、種族滅絕，二次世界大戰期間，共有超過六百萬的猶太人遭到殘忍殺害。來這裡追逐調笑，或者以屠殺當寫真背景，當然是自由，不需要任何管制。但，我們拍寫真的同時，會不會血腥的歷史、紀念碑的嚴肅，就暫時被遺忘了？有一次我在這裡聽到說中文的觀光客說：「這裡好酷！這是什麼地方啊？」她的旅伴答：「管他，反正很酷。來來來，幫我拍一張。」

我看著兩女孩開心地互相拍照，心裡想著，遺忘與忽視，的確也是面對傷痕歷史的某種態度啊。

普立茨橋遣送紀念碑

一次我去柏林外事局辦理居留簽證事宜，途中迷路，走錯了方向，上錯了橋，結果巧遇了「普立茨橋遣送紀念碑」（Deportationsmahnmal Putlitzbrücke）。紀念碑就在橋上，碑上一個猶太大衛星，一看就知道是紀念猶太屠殺。趨前一看，細讀碑上文字，在一九四二年之後，有超過三千名柏林猶太人，就在這橋下的火車站被迫登上驅逐遣送火車，離開柏林，目的地：集中營。紀念碑由佛克馬爾・哈瑟（Volkmar Haase）設計，材質是不鏽鋼，雕塑作品前方是大衛星的墓碑，後方是通往天際的階梯。紀念碑在一九八七年設立之後，多次被遭到嚴重破壞，當局不斷修復。或許，破壞者想要刪除這段血腥的遣送歷史，紀念碑提醒月台上的毒打、推擠，許多無辜的生命就在這裡開啟他們開往地獄的旅程，與柏林永別。被破壞的紀念碑當然要不斷修復，讓藝術品保持完整的狀態，因為紀念，無法容忍消滅。

我在紀念碑前駐足，差點忘了我的簽證事宜。臨

歐洲猶太被害紀念碑。

走前，一位抽菸的年輕人經過，跟著我一起凝視橋上紀念碑。他讀完紀念碑的碑文，吸一大口菸說：「我每天經過，竟然都不知道這東西是個紀念碑。」

我微笑，因為我的駐足，某個柏林人發現了紀念碑，想起了那段自己國家的歷史。

這裡是個充滿戰爭傷痕、人權汙點、屠殺陰影的都市，面對過去，柏林沒有按下刪除鍵，而是好好保存舊的紀念碑，同時持續興建新的紀念碑。有納粹屠殺同性戀紀念碑，有柏林圍牆紀念碑，有納粹屠殺吉普賽人紀念碑。有髒污的歷史不能漂白，紀念碑在城市各個角落存在，不是展兩個月、遊客喧騰之後就搬走的臨時裝置藝術，而是永久留存的建築。紀念碑的存在就是個永恆的提醒，告訴後人，我們做過這件事，我們做過這件事，我們做過這件事，我們做過這件事，我，們，做，過，這，件，事，就拜託拜託拜託不要讓殺戮再重演。

經過紀念碑，聽到了，記住了。

Tiergartenstraße 4
動物公園街四號

一家名為 LifeCodexx AG 的德國生技公司推出全新驗血技術，孕婦在懷孕九週之後，就可透過驗血，檢測胎兒是否有唐氏症。這個技術其實是醫學突破，之前孕婦都必須接受絨毛取樣或者羊膜穿刺，才能獲知胎兒是否健康，如今全新的驗血技術已經能取代具有危險性的侵入性檢查，大幅降低醫療風險。

但，這全新的醫療卻在德國引起優生學討論風波，如果胎兒的檢測結果是「不健康」，很可能就會被剝奪生存權，在還未出生之前就先結束生命。輿論批評，這是透過科技來篩選胎兒，以獲取「完美」的優生人種。唐氏症團體站出來呼籲抵制這種技術，孩子有身體缺陷，不代表沒有活下來的權力。

關心這則醫療新聞時，我馬上想到了柏林那棟已經不在的房子，位於動物公園街四號（Tiergartenstraße 4）的那棟別墅。

死亡的別墅。

提到納粹，我們會直接聯想到大屠殺，他們大規模、有計畫地屠殺猶太人、同性戀、吉普賽人、反納粹者。除此之外，納粹也殺殘疾人士。

希特勒強調種族「純淨」，血統「正確」，為了延續他的

美國的極簡雕塑家李察・塞拉一九八七年的鋼板作品「柏林連接點」，就矗立在動物公園街四號原址。

帝國藍圖，德國人必須遵從優生學，有精神疾病、智力障礙、肢體不健全的人，都應該絕育，以免生下「禍害人種」。絕育還不夠，在納粹政權眼中，這些人無法貢獻國家發展就算了，根本拖累整個民族，浪費社會資源，唯一的解決方法就是，殺。

一九三九年十月，希特勒正式簽署法令，授權納粹黨領袖菲力浦・布勒爾（Philipp Bouhler）與他的私人醫生卡爾・布藍特（Karl Brandt），正式啟動「安樂死計畫」（Euthanasie），凡是被當時的醫學認定為精神或者肢體殘疾者，就必須被處死，無論兒童、成人皆殺。當時位於動物公園街四號的別墅，被納粹政權當做是此計畫的執行總部，冠上「治療與院內護理慈善基金會」（Gemeinnützige

Stifung für Heil- und Anstaltspflege）的機構名號，開始在全德國各地系統性殺害殘疾人士。此計畫在一九四一年正式終止，這期間總共有超過七萬人遇害。枱面上計畫停止，但納粹仍繼續進行人口淨化，有更多的殘疾成人與兒童遭到迫害，送進毒氣室、射殺、被餵食毒物殺害或者活活餓死。在納粹潰敗之前，至少有二十萬人因被判定不健全而被殺害。因為執行總部就位於動物公園街四號，此人權慘劇，史稱「Ｔ４行動」（Aktion T4）。

如今，死亡別墅已經消失，旁邊就是舉世聞名的柏林愛樂廳，承平日久，人們踏過動物公園街四號的地面，進入音樂廳聆賞古典，但很多人不知道，這裡曾是德國人權史的大汙點。別墅化成煙塵，殺害的罪行卻不斷被後代挖掘出來。面對真相，紀念受難者，傷口，就有癒合的契機。

美國的極簡雕塑家李察・塞拉（Richard Serra）一九八七年的鋼板作品「柏林連接點」（Berlin Junction），就矗立在動物公園街四號原址，鏽色的兩塊弧形鋼板尖銳冰寒，走進鋼板中間的狹窄空間，會發現有強大的回音效果。其實「柏林連接點」原本並非是紀念「Ｔ４行動」所創作的雕塑作品，但是成為此地永久公共藝術作品之後，與動物公園街四號的歷史呼應，就順道成了紀念死難者的紀念碑了。

為了讓更多人瞭解「Ｔ４行動」的真相，德國聯邦政府決定出資五十萬歐元，正式在動物公園四號原址興建全新紀念碑，汙點不能就地掩埋，否認無法促成和解，把生鏽的沾血刀鋒亮出，讓後代面對殘酷、傷口，銳利刺眼，但每個人都得張開眼睛。

新的紀念碑正在興建，由建築師烏蘇拉・威爾姆斯（Ursula Wilms）與海恩茲・W・霍爾曼（Heinz W. Hallman）、藝術家尼可勞斯・可力優西斯（Nikolaus Koliusis）設計，預計二〇一四下半年完成揭幕。預計完成的紀念碑，將是一道藍色的長方透明玻璃牆。

我站在動物公園四號，目前是紀念碑的施工工地，人行道上有關於「T4 行動」的臨時展覽。

我站在動物公園四號，目前是紀念碑的施工工地，人行道上有關於「T４行動」的臨時展覽。有許多遊客，與柏林愛樂廳合照，忽略「柏林連接點」與「T４行動」的展覽。所以，一個原址紀念碑真的有其重要性，揭示當年的無情，讓我們思考，今天這個世界，有變得比較友善嗎？

來自台灣，我當然想到了樂生療養院。那是台灣醫療史上人權的汙點，我們有沒有花力氣，去保存真相，去面對過往的無知與殘酷？

我也想到了好友R，她的孩子，是個唐氏症寶寶。先天缺陷並不損母親的愛，R感謝上天給她這樣的孩子，誰說孩子不健康、殘障？在母親眼中，孩子就是孩子，值得愛的孩子，別人眼中看到的不健全，在媽媽眼中都是獨一無二。我們心疼R，覺得她辛苦，但她和先生都不覺得苦。有愛，何言苦。

納粹強勢淨化社會，精神或者肢體障礙都必須清除，以獲得「男人強壯、女人優生」的過濾社會。這樣的淨化措施極為凶殘，但也逼當今的社會必須思考，透過驗血的便利檢驗，立意好的科技，是否會被扭曲濫用？德國有「T4行動」歷史，於是更加謹慎，社會沒有立即擁抱新科技，各方開始理性對話。

這個世界，是否有足夠的慈悲與資源，讓染色體比我們多一點、身體器官比我們少一點、說話比我們慢一點、心機比我們少一點的人們，可以在成長的過程當中受教育、得技能，與我們共存？

法國編舞家傑宏・貝爾（Jérôme Bel）與一群唐氏症人士合作，在柏林HAU劇場推出作品《身障劇場》（*Disabled Theater*），讓唐氏症表演者在台上以言語敘說自己身世，並且隨著流行音樂舞動，非常轟動。他們在台上毫無保留，肢體放肆，言語誠實不拐彎。我在劇場裡看著台上的他們，發現我們根本不敢那樣舞動，那樣大聲笑，那樣大聲說自己的故事。反觀「正常」的我們，拘謹約束，被禮教捆著。或許，殘障的標籤，應該貼到我們身上。

動物公園街四號，就是樂生療養院。銳利刺眼，但，我們不能再閉眼了。

Paris

帶著柏林去巴黎

初夏從柏林出發去巴黎，跟著巴黎好友吃蒙布朗蛋糕（Mont Blanc）、閃電泡芙（Eclair）、馬卡龍（Macaron），去可列爾街（Rue Cler）市集買花買魚看人，在瑪黑區找花襯衫，夜半在塞納河畔看青少年玩滑板、彈吉他、喝酒群吻，城市忽晴忽雨，風涼星暉，語輕衫柔，一切都閃耀著溫潤的脂澤。巴黎幾天，在柏林缺乏日照的慘白皮膚，彷彿隨之燦金水滑。

這些都是皮膚表層，口腹瑣事，短期旅客義務。背包裡，我帶了德國作家恩斯特・雲格（Ernst Jünger）的巴黎日記《放射II：第二本巴黎日記》（*Strahlungen II: Das zweite Pariser Tagebuch*）。活在柏林，日常生活中隨時會撞上戰爭意象，被炸的教堂、陰森的集中營、納粹蓋的堅固碉堡。巴黎在一九四〇年到一九四四年之間被納粹政權佔領，我想抓取那個納粹巴黎，德國人眼中的巴黎，以及巴黎人眼中的德國。戰爭血腥年代，巴黎是否也如此歌舞繁華，沙龍雅緻？

恩斯特・雲格是二十世紀重要的德國代表作家，生於一八九五年，一直到一九九八才辭世，長壽爭議，曲折傳奇。他曾親身參與第一次世界大戰，多次在戰場上受傷，主戰反民

館內有好幾面石牆，上面銘刻了密密麻麻的猶太名字，依照姓氏字母排列，名，姓，與出生年。（陳思宏／攝）

主，寫下許多主張國族主義的著作，大受歡迎，也影響了納粹的國族倡議。納粹掌權期間，他卻刻意與納粹黨疏遠，拒絕官職。二次世界大戰全面爆發，他再度加入戰事，在一九四一年被派到納粹佔領的巴黎，一九四二年被調到高加索山脈戰場去，一九四三年再度回到巴黎，直到戰事結束。他在一九三九年至一九四八年間寫的日記，在戰後完整出版，總共六本，合稱為《放射》（*Strahlungen*），誠實記錄了作家的戰前、戰爭、戰後思緒，是二次世界大戰重要的戰爭書寫。這些日記散文，是珍貴的戰爭文學，文筆優雅，充滿哲學思考，但是作者的早年軍國主義主張與納粹軍官身分，讓這些書寫備受抨擊。至死，他一直都是許多德國人眼中的納粹。

如果想瞭解納粹佔領時期的巴黎，絕對不能錯過他的《第一本巴黎日記》與《第二本巴黎日記》。日記裡，他寫著與藝術家、文人交遊，其中包括同

志作家尚・考克多（Jean Cocteau）與畢卡索。戰事吃緊，但他是納粹權力階級，可以盡情享受巴黎的沙龍、文學、藝術。集中營裡正在種族大屠殺，他卻吃好住好，積極參與巴黎的文化活動。

我去造訪他在巴黎居住的拉斐爾飯店（Hôtel Raphael），依然氣派奢華。剛好一群德國人從飯店走出來，說著北方腔調的德文，特別高大，衣衫、身材明顯與巴黎人有區別。這讓我遙想那個戰爭年代，一群穿著納粹軍服的軍官，出入高檔飯店。歷史遠了，這些德國人，知道這間飯店的歷史嗎？

（陳思宏／攝）

也許是巧合，我在巴黎時，每天我都會遇到德國人。

我住在瑪黑區，窗戶一大開，就會看到大屠殺紀念館（Mémorial de la Shoah）。Shoah 是希伯來文，意即納粹屠殺六百萬猶太人的人類浩劫。我開窗迎接巴黎，俯瞰紀念館，聽到的耳語不是陌生的法文，而是熟悉的德文，表示有很多德國人前來造訪。我走進紀念館，首先看到一個銅製的大型圓筒，上面寫著各地集中營與華沙猶太人區地名。旁邊的解說寫著：銅製圓筒，召喚了集中營的煙囪形體。館內有好幾面石牆，上面銘刻了密密麻麻的猶太名字，依照姓氏字母排列，名，姓，與出生年。這些名字，來自納粹佔領巴黎期間，被驅逐離開巴黎的七萬六千名猶太人，其中，有一萬一千為兒童。這些猶太人，大多數在一九四二年到一九四四年間在集中營裡被殺害，只有二千五百位左右幸運存活。我站在這些名字前，默唸名字，眼淚突然浪濤。任何生命的隕落都很沉重，何況是規模這麼巨大的集體滅殺？

剛好，一群德國高中生來訪，他們靜靜地撫摸牆面，聽著導覽解說。我和其中一位高中生聊，他說，他們是來自柏林的高中生，全班今天早上才剛到巴黎，還沒去鐵塔，還沒看到奧塞美術館，第一個巴黎印象，就是這個屠殺紀念館。

高中生，怎麼可能不會對那些販賣繽紛衣裳、瑰麗醇酒的瑪黑小店沒興趣？但他們先到屠殺紀念館，前人做過的事，他們也要一起面對。靜靜的，不打鬧，聽導覽說種族屠殺，閱讀牆上的名字，聞到血的腥味。不遮眼不掩鼻，我們，都帶著柏林來巴黎。

去羅浮宮，我不去跟遊客擠看蒙娜麗莎，而是去看特展「德國：從腓德列希到貝克曼」（De l' Allemagne, 1800-1939: de Friedrich à Beckmann）。一九六三年，德法簽訂艾里塞條約（Elysée-Vertrag），兩國正式邁向合作，此條約也影響了現今的歐盟理念。羅浮宮與德國合作，推出這個特展，就是為了歡慶此條約五十週年紀念。只是，展覽一開幕，就引來激烈批評。德國媒體點名羅浮宮策展人把整個策展的方向導向政治，讓所有作品看起來就像是個目的論（Teleology）成果，彷彿德國從一八〇〇年的藝術就開始慢慢鋪路，所有的藝術服從國家發展，一直慢慢導向一九三九的災難，二戰正式引爆。一個法國觀點的羅浮宮德國特展，引爆了兩國的藝術角力。

特展裡有許多德國訪客，他們站在著名的歌德肖像前，悄聲談論。偶爾有幾位迷路的觀光客闖入，對著一室的德國作品皺眉，拉著館方人員問：「蒙娜麗莎在哪裡？我要怎麼回到金字塔？」

離開玻璃金字塔，晚餐，我去 Le Café du Commerce。餐廳歷史悠久，保存了戰前一九二〇年代的風華樣貌，恩斯特・雲格看到的巴黎風月，應該就是這番氣味。我吃鴨吃蝦吃燉蔬菜火上鍋（pot-au-feu），看時尚男女，隔壁桌又是說德文的客人。

恩斯特・雲格在《放射II：第二本巴黎日記》裡有一段特別知名的文字，寫他在一九四四年五月二十七號那天，在他居住的拉斐爾飯店頂樓，聽到了防空警報、飛機空襲，看到了爆炸雲塵，他這樣寫道：

「第二次空襲，日落，我手上拿著一杯草莓在裡頭泅泳的勃根地。城市與她的紅塔與圓頂坐臥在巨大的美裡，就好像被致命受精的花苞一樣。」（Beim zweiten Mal, bei Sonnenuntergang, hielt ich ein Glas Burgunder, in dem Erdbeeren schwammen, in der Hand. Die Stadt mit ihren roten Türmen und Kuppeln lag in gewaltiger Schönheit, gleich einem Kelche, der zu tödlicher Befruchtung überflogen wird.）

就是這段文字，讓他在戰後飽受批判，不遠處有橋墩轟炸，他竟然以詩意的文字，把轟炸機比喻成死神蜜蜂，把戰時巴黎形容為被死神包圍受精的花苞。日記裡其實有許多類似的文字，句構優美，情懷浪漫。戰爭炸不到他，因為他是住在巴黎高級飯店的納粹軍官。托馬斯・曼因此稱他為「野蠻的冰冷投機份子」（eiskalter Genüssling des Barbarismus），布萊希特拒絕稱他為作家。

離開巴黎那天，我剛好遇到航管、鐵路罷工，在Gare du Nord我幸運地擠上開往機場的火車。火車擠進了過多的人，除了趕飛機的旅客之外，大部分是通勤的巴黎人，他們坐這班火車不是為了出國，而是為了回到郊區的家。他們，都是黑人。郊區的家，不若瑪黑區這般光潔晶亮，那裡，有貧窮等著他們。越來越多人試圖擠上這班已經超載的火車，肢體摩擦，語言衝撞，突然一群黑人就在我面前打了起來，拳腳飛舞，小孩啼哭，母親嗥叫，暴力者的拳頭就在我的眼前。

我知道這很不合適，但我當時就是想到了從巴黎出發、擠滿猶太人的火車，目的地：集中營。

巴黎有光輝，同時有族裔暗處。恩斯特・雲格在二次世界大戰時看過，我在二〇一三年，也親眼看見了。

大屠殺紀念館（陳思宏／攝）。

Zellengefängnis
監獄公園

和許久不見的 Dr. K 約好中午，在「莫阿比特舊監獄歷史公園」（Geschichtspark Ehemaliges Zellengefängnis Moabit）野餐。說好各自備好午餐，然後在公園裡交換便當，我做了雞絲涼麵，用保溫瓶裝了麻油雞湯。我壞心眼，想看看溫文儒雅的 Dr. K 在公園裡吃涼麵喝雞湯的狼狽模樣。

我在多年前的一場柏林外交晚宴上結識 Dr. K，他當時是報社記者，剛去台灣採訪，很喜歡台北的小巷風情，在金門買了菜刀與高粱，對台灣的政治脈絡很有興趣。回德國後，他在報紙上寫了一篇報導，內容非常正面。我們在晚宴上敘說台灣，談政局說文學，同是寫作人，很快成為朋友。他身材高大，蓬鬆金髮梳理妥當，衣著優雅素淨，話語毫無廢詞，看他走路，宛如看到一道厚實的牆在移動。而我這個台灣來的朋友肢體戲劇化，愛鬧愛調笑，身上襯衫開滿熱帶花朵，蹦跳不莊重，這位法學博士好友一定常詰問自己：

「這個人，真的在寫作嗎？」

一到「莫阿比特舊監獄歷史公園」，我卻靜了，公園肅穆，我肢體迅速斂縮。此公園就位於柏林中央車站的北邊出口正對面，我時常經過，卻從未走入。面對中央車站的公園入口處，有監獄鐵窗意象，材質是沙質混凝土牆，造型與設計傳達了阻隔與沉重。公園被高高的牆包圍，從外無從探知牆裡風景。

我進入公園，遠遠就看到高大的 Dr. K，他坐在牆邊的長椅上，讀著書。秋風起，黃葉舞，公園裡只有兩三個人，與牆外繁忙的車站人潮與交通成對比。我踩過落葉，走在這個監獄改建而成的公園裡，繫緊脖上圍巾，拉上外套拉鍊，突然覺得冰冷。

Dr. K 屈膝、我踮腳，才完成見面的擁抱。他從背包拿出餐盒，說：「這裡離我辦公室很近，午休時，有時候我想一個人靜靜，就會來這裡用餐，通常都沒什麼人。」網路暴潮，德國傳統報業受到衝擊，他之前任職的報社，如今已經不存在了。他轉到離此公園幾步路遠的德國經濟部上班，擔任政府要職。

他準備的餐盒，裡頭是有機的南瓜子麵包雞肉三明治，另有番茄葉菜蘆筍沙拉，淋上用迷迭香與芥末子調味過的橄欖油，非常清爽美味，很適合公

園野餐。他看到我的涼麵，聞到薑味很重的麻油雞湯，眉頭完全沒皺，背挺直，優雅地吃麵喝湯，俐落使用筷子湯杓，沒有任何湯汁潑濺，不斷給我這個壞心眼的朋友讚美與感謝，說這是他第一次吃涼麵，還問了我涼麵的發源。結果狼狽的是我，完全不知涼麵身世，沙拉掉滿地，褲上有油漬，雞肉在牙縫裡塞車，竟然還出手剔牙。

Dr. K 指著前方的草地說：「想像一下，這一整片草地曾經是監獄，納粹在這裡審判反對政府的人。」

我看看身後的迫人的高牆，與面前的秋日風景，搖頭說無法想像。公園的前身名為「列爾特爾街監獄」（Zellengefängnis Lehrter Straße），

「莫阿比特舊監獄歷史公園」。
公園東側牆面上，有阿爾布雷希特 · 豪斯霍夫爾的句子：「所有充滿這棟建築物的折磨，在磚牆與鐵柵欄下，有一股生命的氣息，一個祕密的顫抖……。」

建於一八四〇年代，原始監獄為五星芒建築，包括看守中心、教堂、與墓園，是當時很先進的監獄建築。納粹掌權後，蓋世太保進駐此監獄，在這裡審問反對納粹的嫌疑犯。一九四五年四月二十二日晚上到二十三日清晨，納粹在戰敗邊緣，蓋世太保以釋放為藉口，移送十六名囚犯，隨即行刑，槍決犯人。一九五七年到一九五八年間，星芒監獄拆除，只留下幾面監獄外牆。

因為這塊地承載著重大的歷史汙點，柏林市政府決定投入三百一十萬歐元，不蓋商場高樓不蓋快速道路，而是在監獄的原址興建人權公園，讓舊監獄變成大家都可進入的公園，紀念在此受難的人們。「莫阿比特舊監

獄歷史公園」在二〇〇六年開幕，隨即獲得許多重要建築獎項。我聽聞此地已久，時常經過，卻從未進入。Dr. K說，這裡比起其他柏林歷史景點，的確很清幽，圍牆裡的公園總是安安靜靜的，沒什麼觀光客，是附近居民休憩的後花園。圍牆是這個公園的特色，原本的古蹟監獄牆與新的牆包圍公園，讓整個公園保留原本的囹圄意象，有阻隔也有區分，牆外是自由繁華，牆裡曾有無情殺戮。

Dr. K把我做的涼麵吃完，喝著麻油雞湯，嘆息說：「監獄裡的伙食，怎麼可能這麼好吃。你知不知道，我曾經在監獄吃過兩年飯？」

我眼睛睜大，心想你這外貌完美的朋友原來有這麼精采的過去，吃過牢飯，快把雞湯放下，把故事吐出來！

幾年前，Dr. K想為這個世界做點事，寫信去柏林的監獄志工組織，表達想幫助犯人的意願。柏林有好幾個針對監獄犯人而成立的非營利組織，甚至還有專門協助獄中同志犯人的團體，隨時歡迎志工加入。Dr. K教育程度高，法學背景也很適合成為志工，很快，他就被安排進入全德國最大

的成人男子監獄柏林「泰戈爾監獄」（Justizvollzugsanstalt Tegel）與某位犯人會面，成為犯人的輔導。

犯人在監獄裡與世界阻隔，非常需要與外界溝通的渠道。這時候，輔導就扮演了很重要的角色，擔任聆聽者，並且適時給予建言，讓犯人獄中生活更正面，以免將來回到社會完全無法適應。一開始，Dr. K只能進入「泰戈爾監獄」的會客區，與犯人見面聊天。會客區裡，犯人們在獄方監控下，負責送上咖啡與蛋糕。來訪者與受訪者都必須把手放在桌面上，以杜絕訪客走私違禁品。不久後，Dr. K成為合格的「執行志工」（Vollzugshelfer），可以在規定的時間內隨時探訪，不需要事先預約，而且不需要侷限在會客區，直接進入犯人的牢房進行輔導。

Dr. K輔導的犯人，是因為多重詐欺背信入獄。除此之外，他還有戀童傾向。Dr. K說，大部分的時間，他都是聽對方滔滔不絕，說吵鬧不休的複雜家庭，說如何詐騙。這位犯人長時間處在不見天日的牢房裡，又不利用放風的時間曬太陽，皮膚慘白。獄中伙食清簡，有股臭味，冰冷刺骨。期

間，柏林的同志組織也給予這位犯人輔導與治療，讓他可以出獄後不再犯下戀童罪行。Dr. K 輔導這位犯人，長達兩年，一直到刑期屆滿。

「他出獄後，在麵包店裡找到了工作，生活安定。我們還會定期見面，電話聯絡，我想要繼續輔導他。但是有一天，他突然就消失了，連安排我跟他會面的協會都找不到他。」

「莫阿比特舊監獄歷史公園」裡，有森林、草皮、座椅，還有幾個裝置藝術。公園東側牆面上，有阿爾布雷希特・豪斯霍夫爾（Albrecht Haushofer）的句子：「所有充滿這棟建築物的折磨，在磚牆與鐵柵欄下，有一股生命的氣息，一個祕密的顫抖…」（Von allem Leid, das diesen Bau erfüllt, ist unter Mauerwerk und Eisengittern ein Hauch lebendig, ein geheimes Zitter….）阿爾布雷希特・豪斯霍夫爾因為反納粹，被蓋世太保抓來此地監禁。一九四五年四月二十二日晚上到二十三日清晨，他被射殺，在獄中留下許多珍貴的文字。

Dr. K 帶我走進公園裡的聲音裝置，這是克麗絲提安娜・克普勒爾（Christiane Keppler）的作品，名為「敲門信號」（Klopfzeichen）。此作品媒材為混凝土，尺寸完全複製此地舊監獄的牢房，裝置有幾個裂口，整個作品充滿密閉脅迫性。我們一走入這個作品，就啟動了作品的聲音裝置，朗讀者唸出阿爾布雷希特・豪斯霍夫爾的獄中詩作《莫阿比特十四行詩》（*Moabiter Sonett*）。坐在封閉的聲音裝置裡，聽詩句撞上牆壁回彈到身體，四肢緊繃寒冷，午餐帶來的暖意全部消失。詩人呼喊自由，詩句在我的皮膚上刀割，因極權而受難的靈魂，筆下字字見血。

我們走出寂靜的公園，外頭的街道正在塞車。我一走出公園，身體就放鬆，又開始跳躍多話。Dr. K 微笑看著我說：「記得寫信去志工協會，請他們讓你去監獄看看。不一定要當志工，但，關於人權，多體驗是好事。」

和 Dr. K 擁抱道別，我感覺像是在抱一棵大樹。這棵樹大可以過著優渥的知識份子生活，工作度假成家，樹幹上結滿享樂的果實。但樹把長好的枝幹與葉子與人分享，繼續主動去當志工，給人樹蔭，讓人摘果。

樹走回經濟部上班，留下一陣暖風。風暖暖的，有麻油雞味道。

此作品媒材為混凝土，尺寸完全複製此地舊監獄的牢房。一走入這個作品，就啟動了作品的聲音裝置。

Sammlung Boros
納粹碉堡的前世今生

我鍾愛廢屋，破門敗瓦，蛛網綠蕪，彷彿有狐魅挾邪蠱惑，捨不得眨眼。對著牆呼喊，語句撞上古牆，沾染了塵苔蘚蟎之後彈回，耳裡的回音充滿了前朝往事。

若是廢屋重建，且保留原本的廢棄質地，就更引人流連了。在柏林有不少廢屋再造的案子，劇場「放射系統V」（Radialsystem V）前身是廢棄河邊抽水廠，夜店 Berghain 是廢棄發電廠改裝的，建築體都保留了原始的工廠肌理。同樣的磚瓦、水泥、建築體，加入新元素之後，變形為全新的境域。廢屋不拆，有了全新的身世。

多年前初到柏林，我去「德意志劇院」（Deutsches Theater），戲散夜深，我從劇場散步到車站，經過了一個大型灰色建築，雙腳就定在街道上不走了，忍不住探看面前的陌生建築體。這棟建築體龐大方正、色調冰冷、線條剛硬，當時無月無星無車無人，秋風颯颯，建築體在我的凝視中披上了獰笑表情。我猜想，這棟位於市中心鬧區的龐大建築物，完全就是我小時候用想像勾勒的惡魔黨總部啊，外表看似廢棄，但裡頭一定裝滿彈藥，隨時有奸惡進出，頂樓，一定就住著惡魔首腦。

當然，我的想像不符合事實，這棟建築物的身世，遠遠超越了我的勾勒。

其實，這棟建築物，就是柏林人口中的「碉堡」（Bunker）。二次世界大戰期間，戰事緊迫，首都面對盟軍空襲，希特勒政權開始興建碉堡，供民眾避難。一九四二年，碉堡工事開始，以驚人的效率完工。這當然是因為納粹政權逼迫「勞役工」（Zwangsarbeiter）日夜趕工，才能有這樣

的效率。完工的碉堡是五層樓的方正對稱建築，高達十八公尺，地面面積為一千平方公尺，厚牆可抵砲彈，建築體四面皆有開口，方便讓搭乘火車到達柏林腓德烈大街車站（Friedrichstraße Bahnhof）的旅客迅速進入碉堡躲避空襲。當年空襲時，此碉堡可容納將近三千民眾。一九四五年，德軍戰敗，俄國紅軍衝入柏林，佔領了這棟碉堡，碉堡馬上變成戰犯監獄。戰後，德國分裂，柏林一砍為二，碉堡位於東柏林，前東德政府把碉堡當做倉庫，放置來自古巴的進口熱帶水果，當時的東柏林民眾稱之為「香蕉碉堡」（Bananenbunker）。兩德統一之後，碉堡歸政府所有。九〇年代，碉堡成為派對場所，成為許多柏林人記憶中，最墮落最浪蕩的夜店回憶。

我的好友C，就是碉堡夜店的常客。他大力吸一口菸，把菸悶在身體裡，眼神如貓，墜入回憶：「那是我第一次知道什麼叫做Golden

柏林納粹碉堡。目前為藝術收藏家克里斯欽 · 柏羅斯私宅與收藏地。

Shower。那厚重的碉堡牆後，根本沒有界線。」

碉堡裡，有好幾個名稱不同的派對，放著硬梆梆的 Techno 音樂，舞客身體放縱，激情狂歡。C 記憶最深刻的是同志派對 Snax，夜重，他進入碉堡，白天的人生被關在碉堡外，裡面音樂澎湃，節拍釘入筋骨，肌肉關節皆渙散，開始舞動，開始墮落，禮教道德都褪去，每個人都是全新的人。他內急尋找廁所，發現所謂的廁所其實是一個裝設有浴缸的空間，此為執行「黃金淋浴」（Golden Shower）的空間，喜歡被尿液澆淋的人進入浴缸裡，等待甘霖；熱愛給予尿液的人，圍繞著浴缸，慷慨不吝。C 說，其實「黃金淋浴」並沒有任何的身體碰觸，單純只是尿液的施與受，樂音濤濤，性在空氣中瀰漫，但在這個所謂的廁所裡，沒人出手碰觸，施者與受者在雨聲淅瀝中，玩著一場拉扯的慾望遊戲。

他也記得，其他派對的放縱，眾多男女身體交疊，慾望與音樂一樣高分貝，呻吟嘶吼，地上滿是保險套，各種癖好都被滿足。這是柏林圍牆倒塌之後的柏林，各種社會的邊緣文化都急著發聲／生，衝破各種禁忌界線，人們在碉堡裡爭身體墮落的自由。

除了放浪夜店風景，碉堡也是柏林九〇年代重要的藝術場所，德意志劇院在一九九四年使用碉堡的空間做了一齣戲，轟動一時，知名的藝術家歐拉弗・埃利亞松（Olafur Eliasson）在這裡做過裝置。

同時，柏林警力多次強力突襲，這裡成為次文化與警力的對峙場所。性派對在碉堡裡熾熱，九〇年代的柏林奔放反骨，強遇上警方的強權管制，屢屢佔上媒體頭條。最後，警

力勝利，派對搬家，碉堡內的放蕩終於熄燈，碉堡成廢屋。官方的強力介入，總是能暫時澆熄次文化，保守勢力似乎再次大勝。但是次文化具有游擊的特性，碉堡成為列管重點，舞客就另尋他方，繼續叛逆。反正柏林多的是空屋廢屋，你能追，我更能跑。

二〇〇三年，藝術收藏家克里斯欽．柏羅斯（Christian Boros）買下碉堡，投入可觀金額，花了五年的時間整建。柏羅斯個人非常喜愛此碉堡的駁雜質地，在廢屋改建的過程當中，決定不抹除建築的軍事、邊緣地下文化的皮膚骨骼，請舊時的靈魂好好安住，曾經的戰爭血腥、墮落夜店，都完全不需避諱。二〇〇七年，碉堡裝修完成，成為柏羅斯私人藝術珍藏的置放地，頂樓則為柏羅斯家庭的私人高級寓所。二〇〇八年，「柏羅斯收藏一號」（Sammlung Boros #1）終於對外開放，但採

預約制，訪者必須先行預約，才能進入碉堡參觀柏羅斯的藝術珍藏。「柏羅斯收藏一號」預約爆滿，總共吸引了超過十二萬人次參觀。

二〇一二年九月，「柏羅斯收藏二號」（Sammlung Boros #2）開放網路預約，我等待多時，終於在今年五月順利進入碉堡，參觀柏羅斯的珍藏品。

克里斯欽・柏羅斯在德國藝術界是非常知名的收藏家，對現代藝術充滿熱情。他眼光獨到精準，以收藏發掘藝壇新秀，九〇年代初期，他就率先收藏了沃夫岡・提爾曼斯（Wolfgang Tillmans）的作品，兩人長期合作，彼此也是好友。克里斯欽・柏羅斯在藝術界長袖善舞，交遊廣闊，許多當代炙手可熱的藝術家都是他碉堡頂樓寓所的座上嘉賓。碉堡頂樓的豪華住所，充滿濃厚的現代設計感，有高級家具與水池，有四面全開的窗戶，每個角落都有價值不菲的藝術品，是柏林城裡最知名的豪宅之一，一般人按電鈴當然無法搭電梯造訪，只能看照片遙想。所以，當初我胡亂想像的頂樓惡魔黨首腦，其實，是當代藝術最重要的收藏者之一。

我在預約時段進入碉堡，在專業導覽員的帶領下，拜訪碉堡裡的展覽空間，近距離欣賞藝術品。克里斯欽・柏羅斯私人收藏品數目為七百件，全都是現代藝術，包括攝影、裝置、雕塑，媒介與收藏方向都很多元。「柏羅斯收藏二號」展出他的部分收藏，展覽有許多名家作品，包括艾未未、歐拉弗・埃利亞松、沃夫岡・提爾曼斯、傅丹（Danh Vo）等，以收藏貨幣價值來看，總值駭人，由砲彈都無法穿透的碉堡厚牆來保護，非常妥當。「柏羅斯收藏二號」許多的裝置都是藝術家個人親自進入碉堡完成，沃夫岡・提爾曼斯本人就爬上工作梯，懸掛他的攝影作品，建構他的藝術理念。

碉堡裡的藝術空間，並非傳統式的盒裝密閉，每個展覽空間都垂直相通，觀者走到三樓，會發現原來剛剛身處的二樓，其實與樓上相通，整個展場充滿流動性，互相呼應。改建的過程當中，建築師保留了碉堡的曲折身世，沒有遮掩外觀的戰火彈痕，夜店的塗鴉也保留了下來，讓碉堡的各個時空同時與藝術品並置。碉堡內在非常寬敞，藝術家在這裡做裝置，可以盡情揮灑。

我站在碉堡裡，觀看艾未未的作品「樹」（Tree, 2009-2010），這個大型的作品以中國工匠古法，聯接樟樹段塊，成一大棵巍然大樹。大樹已死，卻充滿批判中國忽視環保的藝術生命。大樹在碉堡空間裡安放，與空間產生了對話。樹說，我來自中國，牆說，我來自戰火。此對話到底有沒有交集？請觀者自行決定。

碉堡的履歷，何止曲折。碉堡的計畫者，是狂熱的納粹，但實際的建立者，卻是被虐待的勞役工人。烽火連天時，碉堡拯救了許多平民百姓，戰後成了監獄、水果倉庫、夜店、劇場、廢屋，最後，成為私人藝術品的收藏所與豪宅。從戰火到藝術，這建築的身世太迂

烽火連天時，碉堡拯救了許多平民百姓，戰後成了監獄、水果倉庫、夜店、劇場、廢屋，最後，成為私人藝術品的收藏所與豪宅。

迴，本身就是充滿故事能量的場域。曾經的血腥，如今，因為藝術品的進駐，有彈孔的外牆似乎溫柔了，厚厚的天花板多年來默默收藏了尖叫、呻吟、樂音，如今，繼續與藝術品對話。碉堡裡的回音，有歷史的重量。

拜訪了柏林碉堡之後，我來到了維也納的水族館（Haus des Meeres），不是為了欣賞被囚在箱裡的生物，而是為了見證納粹碉堡建築的再造。這棟水族館非常獨特，因為它曾經是納粹在二次世界大戰期間建立的八座「高射砲塔」（Flakturm）之一。

二次世界大戰全面爆發，盟軍空襲，一九四〇年，希特勒下令建造陸上防空堡壘，以鋼筋水泥為主體，厚牆抵砲彈，屋頂有高射砲抵禦空襲，建築體則供民眾躲避空襲。最後，柏林蓋了三座，漢堡兩座，維也納三座，建築體共分為三種風格，全都堅硬難摧，在戰時發揮了強大的防空功能。這八座高射砲塔充分體現納粹建築美學，是非常獨特的戰爭建築，戰後只剩漢堡與維也納的高射砲塔以比較完整的樣貌留存，柏林的高射砲塔則只剩下小部分殘骸。

維也納的水族館，就是當時的防空碉堡五號。站在水族館前面，一定會被這棟龐大的建築物給吸引，龐大笨重的體積，宛如一隻灰黑怪獸盤踞在市區，與周遭優雅古典的維也納街道形成強烈對比。碉堡的最頂端，是知名美國藝術家勞倫斯・偉納（Lawrence Weiner）的一九九一年四面標語作品，上面以英文與德文寫著：

粉碎（在寂靜的夜裡）

Smashed to pieces (in the still of the night) / Zerschmettert in Stücke (im Frieden der Nacht)

這個作品承載反戰訊息，放在納粹高射砲塔頂端，摧毀了建築體本身的戰爭本旨，建築於是有了藝術質變。歷史過往太沉重僵硬，就請藝術來輕盈軟化。

水族館的進駐，則讓高射砲塔內部的完全變形。塔裡有魚有蛇有鯊，還加蓋了一個熱帶區域，猴躍鳥跳龜爬，是全家都愛去的市區動物園，充滿了孩童的驚嘆笑鬧，建築的肅殺完全消失。維也納隆冬，外頭下著雪，這裡頭的人工熱帶區域依然熱氣蒸騰，是市民避寒的休閒去處之一。高射砲塔的出生證明寫著納粹，現在，則是維也納闔家同訪的水族館。我搭乘電梯來到頂樓，當初裝設高射砲與機關槍的平台，現在是俯瞰維也納的絕佳場所，視野開闊無礙，登高心靜，優雅的維也納就在腳下。我希望每個來訪的孩子來這裡不只看魚，同時也認識這座怪獸建築的前世今生，知道了戰爭的殘酷，於是願意終身相信和平。

我是和平主義者，對軍事建築有基本的反感，親自拜訪這些納粹建築，被納粹的建築工法與執行能力給嚇到。真的只有極權，才能在戰時動用勞役工與全國的鋼筋水泥資源，來構築龐大的堡壘，完成狂人的軍事藍圖。三公尺厚的牆，其實要炸要拆，困難度很高，留著當廢屋也怕被納粹迷膜拜，不如就廢屋再造，成為文化場所，開放讓大眾參與。以和平、文化、藝術，去除納粹鬼魅，同時，不遺忘。

維也納的水族館。

Kristall
水晶

朋友J跟女兒M冷戰數週，都為了水晶。

M芳華荳蔻，用身體實踐叛逆，刺青咬膚，染料漂髮，背包裡藏了烈酒，早餐桌上伸懶腰打呵欠，嘴裡衝出一大株菸草。

對於女兒的叛逆，J跟老婆都冷靜以對，畢竟，夫妻倆去翻閱舊相簿，看看自己當初青少年模樣，髮狂眼神散，身體裡有騷動在戰鬥，學抽菸偷喝酒，去街頭抗議政府，派對三天三夜不回家，結果長大後卻變成奉行有機綠生活中產夫妻，晚上十點就沉沉睡去。夫妻倆笑看成長過往，於是願意接受女兒的反骨，並且佩服，偷偷羨慕。

但是，柏林一家新開的夜店，卻引爆父女冷戰。

J在女兒書桌上，看到一張夜店廣告傳單，設計俗豔，上面寫著「水晶之夜」（Crystal Night）主題派對，標榜女士入場免費，並且附贈香檳。J馬上拿了傳單去問正在浴室染髮的女兒：「妳說今晚要出去，就是去這個派對？」

M頭埋在流理台，沒抬頭看爸爸，冷冷地說：「不是跟你說不要進我房間嗎？」

「妳確定要去這個『水晶之夜』派對？這句英文妳不可能不知道是什麼意思吧？」

M的音量開始築高：「我知道，我英文成績很不錯，你忘了嗎？」

「妳住在柏林，妳卻要去『水晶之夜』的派對？妳不准去。」

M用力關上浴室門，咆嘯蓋成摩天大樓：「你不准進我房間！你不能控制我！你聽到了嗎？」

J也忍不住提高音量：「今晚，妳不准出門。」

M其實當時就知道，自己不小心踩到了父親的界線了。

J是個歷史學家，我對柏林歷史有任何困惑之處，一定去詢問他。他重視歷史教育，M從小就跟著爸爸到處拜訪

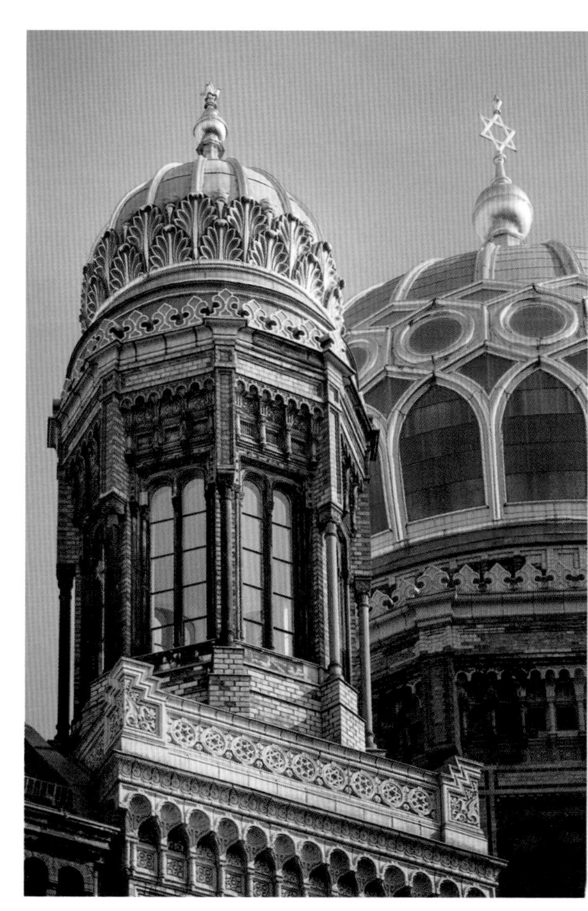

歐拉寧堡街的猶太教堂。

歷史場景，說史實論殷鑑。「水晶之夜」是個德國史上的大汙點，被柏林夜店拿來當派對主題，吸引年輕人前來舞動尋樂，對他來說就是史觀混亂。過去的罪惡，年輕人在學校裡沒學過嗎？

一九八三年，德國猶太人已經面臨社群被納粹摧毀的生死關頭，十月二十八日，一萬七千名猶太人忽然被當局驅逐至波蘭邊境，波蘭政府拒絕收留他們，開始苦難的離散。十一月三日，住在巴黎的猶太人赫舍・格林斯潘（Herschel Grynszpan）收到妹妹從德國寄來的明信片，描繪與父母被納粹殘酷驅趕的苦難。他馬上去跟德國駐巴黎大使館的外派人員恩斯特・馮・拉特（Ernst vom Rath）求助，但拉特並沒有給予立即的協助。十一月七日，他進入巴黎德國大使館，

HECKMANN HÖFE
Business
Lunch
NEU

以手槍射殺拉特。十一月九日，拉特傷重不治。納粹黨見血心喜，大肆宣傳「猶太人殺了德國外交官！」，利用拉特的槍擊事件，成為公開攻擊猶太人的理由。十一月九日這天，全國納粹出動，燒猶太教堂，砸猶太商店，抓猶太人進集中營。被砸碎的猶太商店玻璃散落街上，在月光、燈光的照耀下，宛如水晶熠熠，於是史稱此晚為「水晶之夜」（Kristallnacht）。「水晶之夜」字面上似乎是閃亮奪目的光榮夜晚，但其實這是納粹計畫性屠殺猶太人的第一步，是德國歷史上無法抹滅的髒污夜晚。

「水晶之夜」當晚，納粹瞄準猶太教堂，以縱火摧毀猶太信仰中心，柏林到處都是熊熊火光，政府帶頭作亂，平民百姓旁觀。水晶不是燦爛，而是醜惡，集體的縱容。這家柏林夜店的老闆史觀薄弱，以「水晶之夜」招攬顧客，年輕人隨著強烈樂音飲酒歡動，舞池裡有任何人記得這個名稱承載的歷史重量嗎？J無法忍受自己的女兒成為遺忘歷史的人。

那晚，M沒出門，鎖在房間裡不肯出來。家裡築起了柏林圍牆，父女隔牆冷戰，J不說教，M不抬頭。餐桌上，媽媽笑看冷戰，在心裡下注，父女誰會先開口。

週六，我和一群朋友受邀到J家裡晚餐，平日喜歡與我聊天的M很安靜，胡亂扒食，就回房間裡去了。M喜歡跟我談論亞洲，早就決定十八歲那年要去亞洲當一年的背包客，她外表是個搖滾少女，但言談有自我意識，政治左傾，對亞洲歷史很有興趣，正在學中文。M回房後，餐桌上為人父母的朋友們開始訴苦，難為啊，只希望孩子們在叛逆中找到自己，健康活著就好，孩子終究還是要獨立。

我提早告辭，那天晚上是柏林「宗教長夜」（Lange Nacht der Religionen），城市裡幾乎所有的宗教場所都開放到深夜，民眾不需買票，就可以九點去清真寺，十點去天主教堂，半夜去佛光山，大廟小寺裡體驗不同宗教，學習信仰包容。我則是要去位於歐拉寧堡街（Oranienburger StraBe）的猶太教堂，當晚有特別的導覽。J一聽到我深夜的目的地，深呼吸，去敲了女兒的房門，問她要不要跟我出門。M已經連續好幾個週末都待在家，一聽到可以出門，沒問清楚目的地，就抓了外套跟我的手臂，奔向屋外的自由。

歐拉寧堡街上的猶太教堂於一八六六年正式完工啟用，金飾圓頂輝煌，很快成為柏林猶太社群的信仰中心。「水晶之夜」那晚，納粹縱火，猶太教堂遭到祝融肆虐。二次世界大戰爆發，這座教堂在砲火空襲下，持續毀敗，一直到兩德統一之後，教堂才完成重建。我和M通過嚴格

歐拉寧堡街的猶太教堂於一八六六年正式完工啟用，金飾圓頂輝煌，很快成為柏林猶太社群的信仰中心。

的安檢，跟著導覽爬上樓梯，來到了教堂圓頂內部。導覽是猶太人，說著教堂的毀壞與重建。「水晶之夜」的那把火看似走入歷史，但這世界上卻還有那麼多針對弱勢的歧視，火其實還燒著。

M一路上不太說話，在教堂裡靜靜聽著導覽。

導覽結束，我們在教堂外面等J開車來接女兒回家。我們抬頭看教堂圓頂的金色光芒，大衛星閃閃發亮。我們的周遭都是週六夜晚出門尋歡的人，笑著鬧著，但我們剛剛聽了殘酷的故事，此刻看到的磚瓦，都想到那夜的水晶，都想到傷口。

J開車把女兒接走了，我自己走過歐拉寧堡街，想像車子裡父女如何消融對峙。隔天，我就飛回台灣了。

一個月後我回來柏林，我去參加了林莉菁的活動，她在法國創作漫畫，以圖像記錄她在台灣的成長經驗，以漫畫敘述黨國教育、戒嚴解嚴與母語失落。駐德國代表處的一位教育組的組長站起來發言說，他以前在台灣教書的時候都跟學生說：「其實我們要一直往前面看，不要老是再回頭去看不好的地方。」他還說，大家就只需要一個人人都可以懂的普通語言就夠了。林莉菁剛才在台上說了黨國教育的荒謬與貧瘠、二二八事件，台下代表台灣的外派官員就站起來說，我們不要再回頭看。

林莉菁馬上回說：「我不同意你。」

一個強調自己是大學教授的官員，被外派到德國，難道沒有看到德國人花多麼大的力氣，在回頭看？德國正視自己的歷史汙點，於是一直興建紀念碑，不斷道歉，時時提起，只怕下一代忘了過去的錯。林莉菁在台上嚴正回應官員時，官員身後一位台灣來的、很愛強調自己很資深的外派記者，在台下附和官員，指責林莉菁。

我和J提到此事，他非常憤怒，直說這種官員根本就是不適任，不能代表台灣，甚至不該教書。我身為台灣人更是激動，「不好的地方」不要再看，難道只看美麗的、燦爛的、光榮的？那讀歷史做什麼？那就讀政府拚觀光宣傳品就好了啊。

聊著聊著，他說起「宗教長夜」那天晚上的事。從猶太教堂把M接上車之後，父女倆沉默，M當然知道父親要她去「水晶之夜」的歷史現場看看，是為了讓她理解以「水晶之夜」之名來跳舞做樂有何不妥，但她就是氣爸爸以為她是不讀歷史的笨蛋，於是冷戰進行到下一回合。

回到家時，街口有救護車，許多住戶都在街上。

原來，一位鄰居爸爸，突然在街上心臟病發，就這樣過世了。

有哭聲，有嘆息。

M突然牽起J的手，緊緊握住。

Teil 2

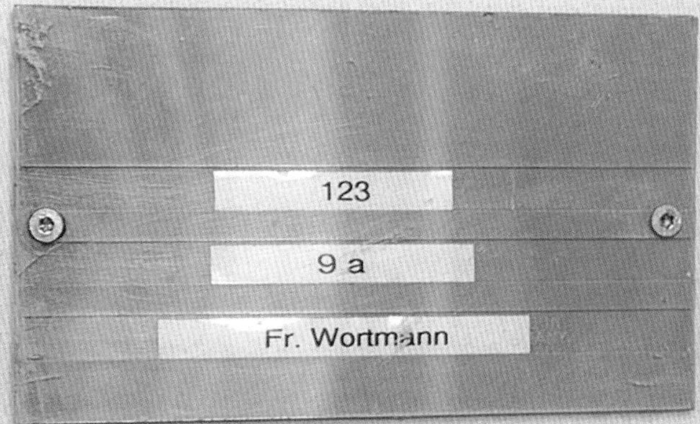

不用歸還的自由

FÖJ 不急

畢業是完成，在學校跨過修業門檻，取得一紙證書。畢業同時也是未完成，離開學校，日子空了，人生還沒圓滿，要趕緊找事，或者馬上投入更進階的學習機構。經濟不景氣，競爭熾烈，路窄，人滿，要快點前進啊！

難道，除了趕路，沒有其他選擇？

一次，好友亦琪在德國偏遠小鎮的火車站巧遇了一位年輕男孩。男孩說，他是「志願生態年」（Freiwilliges Ökologisches Jahr，簡稱FÖJ）的成員，高中畢業後在森林裡製作木桌椅給遊客休憩、蓋鳥屋、種樹。男孩不賴在家裡打電動、上網聊天，而是在森林裡度過一年。我馬上被故事驅動，開始研究「志願生態年」。

「志願生態年」的前身是德國替代役之一，但德國已經廢除徵兵制，「志願生態年」成為男女皆可申請的志願工作。「志

路伊絲 · 沈爾墨，與土豚。土豚有長長的豬鼻，外型討喜，舉止如狗，嗅聞、愛被撫摸、友善。路伊絲撫摸牠們，彼此熟悉，是老友。與動物相處，她眼神中，有自信。

願生態年」接受十六至二十七歲的青年男女申請，透過分發，進入生態機構工作一整年。工作為志工性質，每月給予三百五十五歐元薄薪。

我積極聯絡生態基金會，希望能在柏林找到願意接受訪問的對象。我想知道，是什麼樣的年輕人，會願意騰出生命的整整一年，接受微薄薪水，投身生態？聯絡多時，我終於找到兩位年輕人，願意給我一些時間，跟我說說人生。

我進入柏林動物園，認識了路伊絲・沈爾墨（Luise Schirmer），一個二十二歲的年輕柏林女孩。她去年申請「志願生態年」，順利進入柏林動物園當志工，目前在夜行館工作。她之前在教育領域研讀，但發現所學並非所愛，毅然決定中止學業。在父母與朋友的全力支持下，她申請「志願生態年」，順利進入動物園工作。她從小就喜歡動物，實地進入園區成為

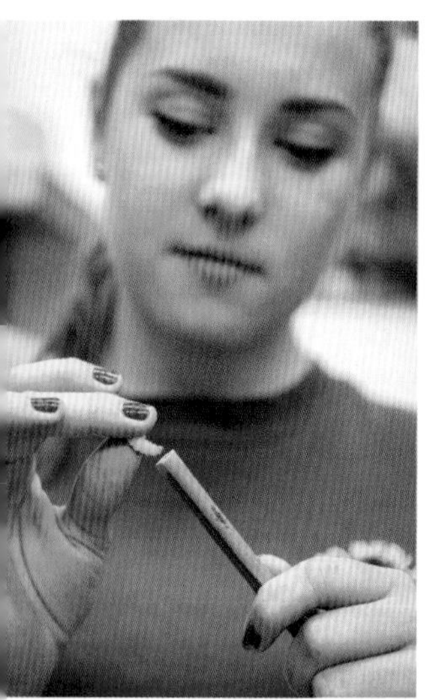

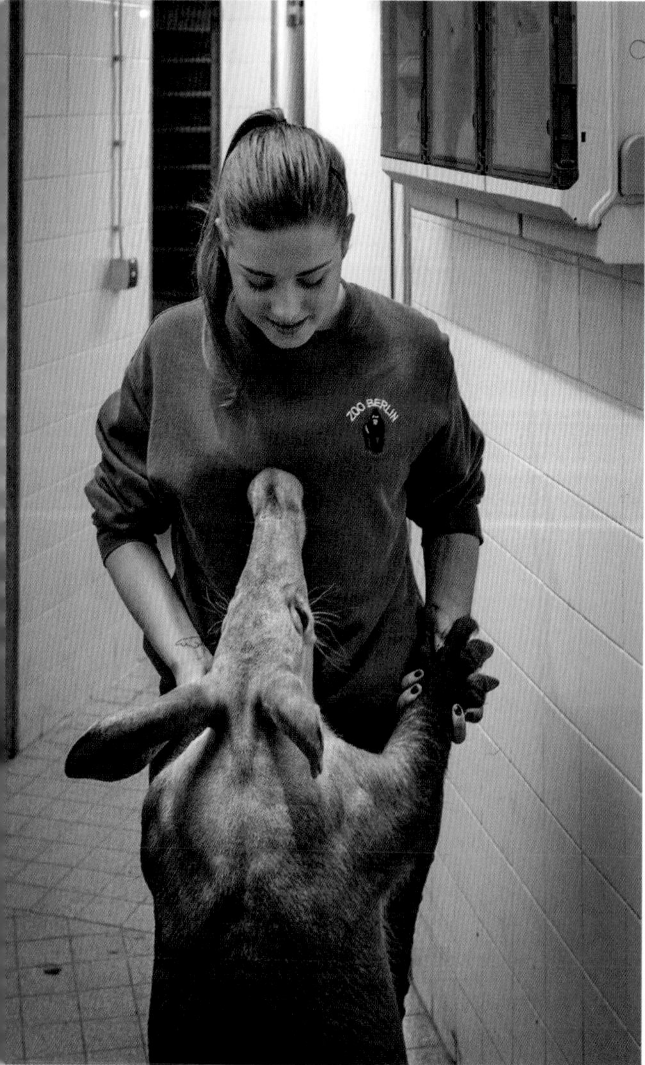

準備動物飼料。

工作人員，是兒時夢想成真。但在這裡的工作其實並不夢幻，早上八點上班，下午五點下班，清掃、餵食、照顧動物樣樣來，需要體力與耐心。

她表示，大部分的生態志工，都是高中畢業生，但她已經在專業領域研讀了幾年，發現不適合之後停止學業，才來申請。對她來說，這一年可以讓她好好思考接下來的動向。這份工作雖然薪水不高，但卻是她第一份必須全心投入的工作。在這裡，她學到了自律與負責。

我跟著她進入了夜行館，實地看她工作。她是個美麗的女孩，臉上有淡妝，指甲塗蔻丹，但身手俐落，言語清晰，並不扭捏嬌弱。她必須準備動物食物，搬生肉，抓蟲子，養老鼠，沒尖叫不皺眉。她對我說：「我們去看土豚。」我還沒聽清楚動物名稱，就跟著她進入了暗暗的豢養空間。我的瞳孔正在適應低光環境時，發現有大型動物正在嗅著我的腳。等我看清周遭，才看清三隻我完全沒見過的大型非洲生物，在沙地裡打滾，牠們就是土豚。土豚有長長的豬鼻，外型討喜，舉止如狗，嗅聞、愛被撫摸、友善。路伊絲撫摸牠們，彼此熟悉，是老友。與動物相處，她眼神中，有自信。

她說，這一年來，她有了很多新想法，也決定重回校園，攻讀社工領域。

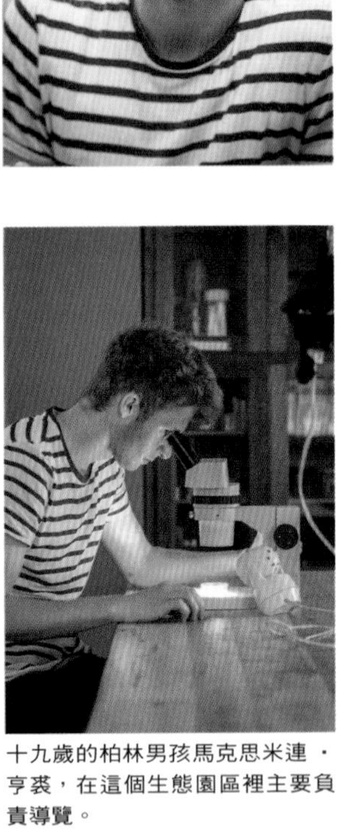
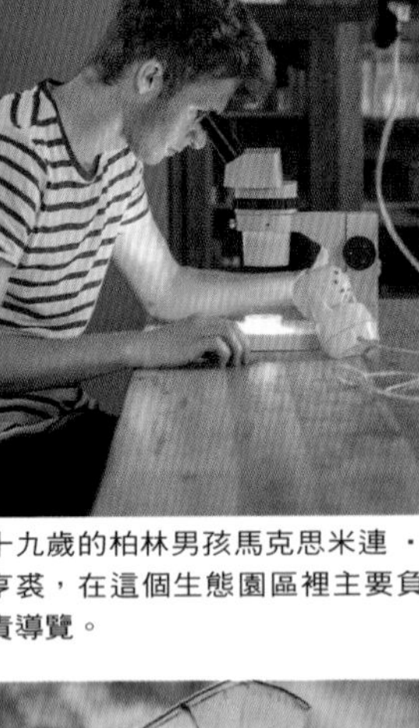

十九歲的柏林男孩馬克思米連・亨裘，在這個生態園區裡主要負責導覽。

隔天，我來到了「柏林自然保護中心生態工廠」（Naturschutzzentrum Ökowerk Berlin），找到了十九歲的柏林男孩馬克思米連・亨裘（Maximilian Hentschel）。男孩一開始靦腆，面對鏡頭有點害羞，但說到在這裡的工作，眼睛就有了光。他說，高中畢業之後，他父母建議，要不要先申請「志願生態年」，一年之後再去上大學？他對地理、生態一直充滿熱情，能夠實地到生態園區工作，是夢想之一。高中「畢業考」（Abitur）其實充滿壓力，他順利完成了，可以馬上申請大學。但他覺得如果能在上大學前有一年的工作經驗，讓自己先脫離純書本的環境，其實是徹底紓解考試的壓力，讓自己更健康地進入大學。父母不急，他也不急，人生拉長來看，給自己一年的時間奉獻給生態，大學並不會跑掉。

這一年，他在這個生態園區裡主要負責導覽。老師帶著學童來園區拜訪，他這個大哥哥就負責帶領他們參觀園區，在遊戲闖關當中認識生態，進而尊重生態。他說，在辛苦了一整天之後，當老師過來跟他說，小朋友從他身上學到了好多，他也從中獲得了許多自信。一個高中畢業的青澀男孩，在這一年裡，慢慢完熟，認識了自己，懂得什麼叫做工作紀律。他非常肯定「志願生態年」，雖然工作時數很長，週末還要上班，但是，他學到了很多學校沒教的事，也更加確定之後要在大學攻讀生態地理相關科系。

兩位生態人，都即將完成「志願生態年」。對於未來，他們都樂觀。

這不是偷懶的一年，這是綠色的一年。履歷表上列出了這一年，表示此人願意奉獻，懂得與人合作。

有，除了趕路，其實還有其他的選擇。畢業之後，其實不用急，必須要找到心中那個願意付出的自己，就算路再窄人再滿，好好認識自己之後，步伐就能穩重。這世界其實一點都不缺急著想進名校、賺大錢的人，多一些年輕人願意不趕路，而是慢下腳步當志工，天地於是多了更多綠色的可能。

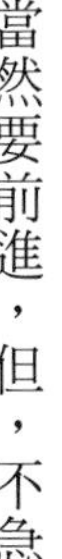

當然要前進，但，不急。

Lily Braun Oberschule

關鍵字：獨立，愛

我到達柏林「莉莉・布朗中學」（Lily Braun Oberschule）時，是下午兩點半。這所中學提供中文讓學生選修，老師是從台灣來的劉放君老師，於是我得以進入參訪。放學時間，校門口聚集許多中學生，喧嘩道別，有不少學生情侶忘情吻別。沒有家長聚集接小孩，學生們都各自離校。不需穿制服，大家身上都是繽紛衣衫。學生大部分是白人，但也有亞洲人、黑人與戴頭巾的穆斯林

學生。

我開始回想自己在台灣的中學生涯。我的文科突出，但數理成績讓我相信人生沒希望。國中的Y姓導師常說：「你們現在會恨我，但以後會感謝我。」國中畢業旅行後，她不准我們加洗男女生的合照；體罰時刻，她把竹鞭遞出，請男生女生互打手心；她舉辦「我最討厭的人」投票，在黑板唱名計票。她完全沒教導「愛」，於是我們學會了「恨」。高中時，威權的教官與訓導主任處處挑剔，放學後，我們被教官留下，在操場練唱那些歌詞空洞的軍歌，喊著「雄壯、威武」，軍人在教育裡威嚇，我們完全不知有抵抗的能力。

所以，我看著這群德國中學生下午兩點半就放學了，情侶熱吻，我想寫信給我就讀過的中學：「請把青春還給我。」

德國的教育體制跟台灣差別很大，國小四年級之後就開始依照學生的能力、性向分組，進入「一般中學」（Gymnasium）或者著重職業訓練的「合併中等學校」（Integrierte Sekundarschule）。「莉莉・布朗中學」是一所九年制的「一般中學」，學生們必須通過畢業考（Abitur），才能申請大學。基本上「一般中學」旨在培育菁英學生，讓這些學生們在語言、科學、文學等各方面接受完善教育，以後進入大學鑽研高等知識。進入職業訓練的中學其實也不丟臉，因為這些學校注重技職，是企業需要的人才培育地。但，這麼早放學，這樣能培養菁英或者技職人才嗎？

我進入學校，與劉放君老師的學生們聊天。這些學生們很大方，樂意分享生活點滴。

「莉莉・布朗中學」，放學時刻。

47
46
43
47

面對提問，他們都能說出自己的想法。好幾位學生戴著牙套，身體姿態有些尷尬，很愛說「Krass」（接近中文的「酷」），跟世界各地的青少年一樣，青澀未熟。但仔細聽他們，就會發現他們充滿個人的想法，不盲目尋求群體認同，對於未來，樂觀以對。

我問，你們幾點到校，何時放學？他們答，早上八點到校，下午兩點以後就放學了。但他們現在已經十二年級，課後還有社團、額外課程，所以大約是五點左右離校。這以台灣的教育體制來看，簡直不可思議，兩點就放學，之後還沒補習班，那到底能學到什麼東西呢？但把時間拉長，就會發現德國人並不因為這麼早放學就在全球化的競爭裡敗下陣，在校時間長短，顯然跟智能、知識的發展沒有直接關聯。

放學後，他們通常是跟要好的同學做功課，熱愛運動的就去打籃球、划船。德國青少年跟台灣青少年一樣，都愛聽流行音樂，對新潮事物感到好奇。但他們沒有KTV文化，晚上也沒夜市可逛，接觸大自然的機會比台灣青少年多很多。放學時間早，於是有很多時間跟家人相處。我問，跟父母關係如何？大家都露出真心微笑，顯然都在和諧的家庭裡長大。其中一位女生稍微抱怨說，她今年暑假跟爸媽一起去蘇格蘭度假，但其實她根本想一個人去旅行。

我與中學生對話。

是的，青少年，也可以一個人旅行。

我身邊幾個德國朋友，都在十五、十六歲時，就獨自或者跟同學搭火車穿越歐洲，父母沒有阻擋。難道父母不擔心嗎？當然會，但，父母以前在中學也是帶著睡袋，一路搭便車去各國旅行。

這是傳承獨立，世界是你的。

學校教育，無論是什麼學科，都著重互動與討論，老師鼓勵學生發表自己的意見，養成個人思考，自己對自己負責。

其實，德國中學教育當然也有不完善，畢業考是壓力來源。但學校重視自由，尊重學生的性傾向、信仰、種族，所以學生比較早熟。我發現他們也愛臉書、推特，語言用詞充滿青春氣息。但他們關心世界，好幾位去過中國，有驚人的世界觀，有位女生暑假在綠黨實習，對政治充滿熱情。在我眼中，他們比許多台灣大學生還成熟。

畢業考的壓力，到底有多大？一位男生說：「當學生的壓力，應該跟職場差不多吧。這就是人生。」

我覺得，他們有愛。不只是有談戀愛的自由，他們愛自己，愛朋友，愛家人。對世界充滿好奇，學習中文，翅膀張得很開。

我離青少年階段，很遠了。我其實不是那麼全盤瞭解，現在台灣中學生的現況。但我記得，今年一月我在台灣速食店，店裡許多穿制服的中學生，把課本攤在桌上，接著把頭也攤在桌上，沉沉睡去。青春在速食店裡度過沉睡的時光，會不會，就錯失了，學習愛的時機呢？

我想起自己成長過程當中的那些老師們：國中的Y姓導師說恨，高中的教官說男生只能「雄壯」否則就是「娘」，高中的三民主義老師對著全班大聲說：「愛滋病是上帝對同性戀的天譴。」他們從來不懂得愛，不懂寬容，卻為人師。

我的中學青春要不回來了。但我現在至少懂得，青春不是分數，不是名校。青春的關鍵字，是獨立，是愛。

Kinder

勇氣孩子

一、傷口

英國好友V帶著兒子James、女兒Summer來德國，我們一群朋友把時間都留給他們一家人，一起在鄉間小屋過週末。

一開始，大家都小心翼翼，用力把話題停留在最表層，說天氣，談時事。不久，V終於受夠了，主動鑿開僵硬的談話：「拜託，大家都知道我老公剛死！那我們可不可以不要再像機器人一樣說話了？」

James在旁邊吃著冰淇淋，笑著說：「真的，拜託不要再討論天氣了。」

於是餐桌上結冰的空氣瞬間被敲碎，大人開始喝啤酒，小孩吃完冰不肯吃正餐，大人罵小孩，小孩為了玩具吵架，夫妻鬥嘴，廚房的白蘆筍燒焦了，酒杯在地上砸出尖銳的水花。月色正好，花園的白樺樹發著新葉，森林裡有狐狸追著兔子。

我和James被分配到花園小木屋的閣樓客房。我們一起爬上垂直階梯，進入了閣樓，兩張小床分置在窗邊。熄燈之後，月光睡在James身上，貓頭鷹的叫聲穿過牆壁，他緊緊抱著小熊布偶，低聲跟小熊說話。V從樓下喊叫：「James，晚安！

媽媽跟妹妹就睡在樓下，有事踩踩地板。」

就在那一刻，我在James眼中，看到了恐懼。怎麼可能不懼怕呢？一個九歲英國小孩，在德國鄉間的小木屋閣樓，身旁還有一個台灣人，那真的只能緊緊擁抱小熊了。

我躺進我的小床，開始說床邊故事。我說，童話非我專長，但說說我家的故事好了。「很久很久以前，在台灣中部鄉下的陳爸爸跟陳媽媽，連生了七個女兒，才生到兩個兒子。我，是家裡第九個孩子……」James瞪大眼睛問：

「真的？你有七個姊姊？真好！我以前是獨子，去年Summer出生之後，我才知道有妹妹真好。」

烏雲遮住月光，黑暗在閣樓裡放肆。我繼續說著沒重點的陳家故事，直到他沉沉睡去。

James

James是V跟第一任丈夫所生的小孩，一開始平凡安定，直到丈夫開始酗酒、債台高築，故事才變調。離婚撕掉了家庭合照，James從此跟媽媽住，週末才見到爸爸。幾年後，V在社區裡與高中時的初戀情人Jeff意外重逢，當年只是純純愛戀，如今兩人都胖了老了，肚子裡屁股上都裝滿這幾年的故事，毋需迂迴刺探，兩人都在彼此的眼睛裡看到篤定。James 支持媽媽的新戀情，與 Jeff 相處融洽。我親眼見過 James 與 Jeff 相處，親愛依賴，大手緊抓著小手，不輕易鬆開。

不久後，V 懷孕了，我也剛好到英國，跟他們一家人以及朋友聚餐。就在餐桌上，Jeff 突然身體極度不適，緊急送醫。幾天後我回到柏林，收到 V 寄來的電子郵件：「是癌症。醫生說只剩幾個月。」

James 陪著 Jeff 做化療，Summer 在去年夏天順利來到這個世界，癌細胞繼續在 Jeff 體內擴散。V 和 Jeff 決定結婚，婚禮簡單感傷，James 就是花童。

夏天過後，朋友們都收到一封 V 的簡訊：「他昨晚走了。」

我看著閣樓裡熟睡的 James，想像著，他身上有隱形的傷口。

二、鼓聲

今年柏林「文化嘉年華」，終於出現台灣隊伍了。「文化嘉年華」是慶賀彼此的「不同」，膚色、文化彼此相異，世界因此繽紛，所以必須以一個七十萬人的大型嘉年華來放肆慶祝。我曾經動過自己組台灣團參加這個嘉年華的念頭，但沒經費沒策畫能力，只能紙上畫藍圖。

來自高雄的建山國小的森巴鼓隊，受邀來柏林參加「文化嘉年華」，突破了經費籌措的困難後，二十八位小鼓手，跟著老師們一起抵達了柏林。位於高雄桃源的建山國小，

來自高雄的建山國小的森巴鼓隊，受邀來柏林參加「文化嘉年華」。

是資源侷限的偏遠小學，也是八八風災的重災地之一。風災之後，有些小朋友家毀了，親人也走了。為了鼓勵小朋友們重拾笑容，學校成立了森巴鼓隊，把原住民樂音吟唱融入熱情的森巴鼓聲中，讓小朋友找回自信。

嘉年華當天，天氣跟街上七十萬人約好似地，和煦溫暖。建山國小的小朋友們揹著鼓，在老師的指揮下，沿街變換隊形，用力打鼓。我跟在隊伍後方，拍照、歡呼，眼睛偷偷濕潤。這些走過風雨的小朋友們，是用生命在打鼓啊。那隆隆鼓聲，明明有山林莽莽、河水淙淙，那純真吟唱，沒有任何偽裝，是來自大地的聲音。鼓聲化成斗大的音符，撞開毛細孔，竄進骨骼，聽者隨之搖擺，全身暖呼呼，充滿了向前奔跑的力量。

把原住民樂音吟唱融入熱情的森巴鼓聲中，讓小朋友找回自信。

連續在街上打了幾個小時的鼓，怎麼可能不累？有小朋友吐了，鼓也把皮膚磨破了。但喉嚨一開，布農族八部合音，依然洪亮。

三、棄嬰

二〇〇〇年，柏林華德弗瑞德（Waldfriede）醫院設置了全柏林第一個「棄嬰搖籃」（Babyklappe），讓無法親自撫養自己小孩的母親，以完全匿名的方式，託付新生兒。這個裝置在醫院外牆，母親打開類似抽屜的裝置，把嬰兒放進去，自動裝置就會通知醫院前來處理，託付棄嬰，找到收養人家。搖籃裡，有溫暖的被子，讓小嬰兒不受凍。

但最近德國聯邦女家庭部長施若德博士（Dr. Kristina Schröder）公開反對「棄嬰搖籃」，主張要取消全德國各地的棄嬰搖籃，因為根據憲法，每個人都有權知道自己的出身，但在此裝置被棄養的孩子，無法得知自己的出身。教會在此時站出來，支持「棄嬰搖籃」的存在，因為當絕望的母親因私人因素而無法留住自己的新生兒，卻又求助無門時，完全匿名的「棄嬰搖籃」就是這些孩子存活的希望。華德弗瑞德醫院也提供完全匿名的分娩服務，讓不想透露姓名的母親，能在安全的醫療環境當中，把孩子生下來。

柏林總共有四個「棄嬰搖籃」，柏林市政府的官方網站也詳細列出地點。我站在這爭議的裝置前，無言。絕大部分的母親都不願意拋棄自己的孩子，但總有最痛苦的時刻，讓少數的母親，必須做出放棄的抉擇。這些年來，柏林的四個「棄嬰搖籃」，已經成功救活四十三個被棄養的小生命。這些小生命在受到醫療照顧後，都被安排收養。

當年第一個在華德弗瑞德醫院被棄養的小女孩，如今已經十一歲了。她日前與養父母重訪這個「棄嬰搖籃」，《每日鏡報》（*Der Tagespiegel*）記者描述，小女孩說：「我就躺在這裡面。」語氣，有點驕傲。養父母對她的出身毫無隱瞞，小女孩健康地成長。

當年，這個小女孩是個孱弱的棄嬰，在加護病房受到妥善的照顧後，幸運地活了下來。被放進搖籃的那天，從此是她的生日。

四、勇氣

布萊希特有齣知名的劇作《勇氣媽媽與她的孩子們》，描述勇氣媽媽與孩子在戰火裡的掙扎。我借題轉化，說說這些勇氣孩子們的故事。

經歷過父母離婚、繼父驟逝的James，在接下來的幾個閣樓睡前夜晚，和我一起說故事。我說著，在我十歲那年，七姊被砂石車輾過，重傷不治。有很長一段時間，家裡不准開電視、不准聽音樂，以最安靜的生活，哀悼家中女兒的逝去。那是我童年的句點，世界從此不同。我跟James說，要當個快樂的小孩喔，因為還有媽媽，還有妹妹。他打呵欠，安心地睡去。有隱形傷口沒關係，還有勇氣當繃帶。

寫這篇文章時，為六月十二號，全台大雨淹水，我馬上想到這些打鼓小鬥士。建山國小的臉書專頁上說，高雄桃源區大停電，但沒有撤村。我想對建山的小朋友說，在七十萬柏林人面前不間斷打了好幾個小時的鼓，這麼艱難的任務都辦到了，日後遇到任何生命的難關，都別忘記這個童年的勇氣時刻。

搖籃依然存在，棄嬰們順利長大。

他們是，新一代的「勇氣孩子」。

柏林「棄嬰搖籃」。

Barbie House
芭比女孩

柏林的「芭比夢幻屋體驗」（The Barbie Dreamhouse Experience）開幕了。這是一棟臨時建築，大型的粉紅色的高跟鞋在門口迎接芭比迷，娃娃尺寸的家當全都放大，訪者可盡情體驗擬真的卡通世界。一張票，訪者就可短暫入住豪宅，體驗當芭比娃娃到底是什麼滋味，睡粉紅色的床，上粉紅色的廁所，有個名叫Ken的男友。夢幻屋被一群「組合屋」（Plattenbau）所包圍，夢幻屋粉紅刺眼，組合屋是來自前東德共產主義的集體式住宅，兩種建築在視覺裡衝撞。

等待芭比夢幻屋開幕的，除了芭比迷之外，當然還有抗議浪潮。婦女、左派團體前往舉標語抗議，愛芭比的小女孩拉著父母衝入夢幻屋，恨之者疾呼物化，愛之者高喊美麗，這個夏天，柏林上演一場粉紅爭論。

芭比是個身材纖瘦，胸部巍然，腿長臉窄的娃娃，是世俗眼光認證的「美女」。她穿華服，住豪宅，生活閃亮。這個虛

擬的女性玩具角色，建立在外表的基礎上，意思是，要美要瘦，生活才能粉紅燦爛，才能完成女性這個角色。問題是，真實世界的女孩，有各種族裔膚色，有胖有瘦，有高有矮，住不起粉紅大宅，難道就不算美？生活究竟不是好萊塢啊。當然，平凡的玩具沒人買，包

柏林的「芭比夢幻屋體驗」。

裝過的夢想最好賣，芭比不美怎麼暢銷呢？大家會不會想太多了，不過就是玩具嘛！但是，女孩們與芭比的日夜相處，會不會把玩具公司的商業伎倆完全內化，日夜期許自己成為真人芭比？

為了更瞭解芭比，我訪問了身邊的柏林父母。發現芭比現象根本不單純，繁複多音，不是只有愛之或恨之兩選項。

卡琳（Karin）是單親媽媽，獨自撫養女兒寶拉（Paula）。聽到我問起芭比夢幻屋，在電話上沉默，深呼吸之後，請我稍候。不久，她的聲音回到聽筒：「我要女兒去花園幫我澆花。她現在不在這裡，那我可以罵髒話了。準備好了嗎？」

碰！碰！碰！

三顆髒話子彈擊發，她說：「我最討厭粉紅色了！」

卡琳任職於出版社，熱愛文學，是個厭惡父權的女性主義者。寶拉從小跟她一起去上班，躺在文史哲書裡換尿布，跟著媽媽一起審稿校稿。卡琳拒絕迪士尼的公主童話，精選主旨是獨立的童話，並且很早就給予性別多元的教育。我就曾看過她們家裡桌上躺著一本童話書，是教育孩童多元家庭的書籍，不是只有一爸一媽才叫做家庭，兩爸或者兩媽或者單數，只要有愛有包容，

都是家庭。寶拉的布偶不是芭比，而是芙烈達・卡蘿（Frida Kahlo），眉毛粗黑，面容自信同時帶點憂愁，衣裳是濃烈的墨西哥。床邊時刻，卡琳說著芙烈達・卡蘿的曲折，期許自己的女兒成為衝破性別界線的女性。

這一切教育，在寶拉上了幼稚園之後，全都被粉紅色打敗了。

寶拉放學回來，脫掉自己身上的衣服，說她以後上學每天都要穿粉紅色，像個公主一樣。不久，不僅衣裳要粉紅，鞋襪、髮帶、床單，全部都要粉紅色，寶拉開始愛上芭比。卡琳發現，學校老師看到一身粉紅的小女孩來上學，會大聲稱讚：「就像個公主，好美麗！」卡琳試著引導：「為什麼妳之前最喜歡的顏色是綠色，現在變成了粉紅色？難道只是因為，其他的女孩都穿粉紅色的？還是妳想要被稱讚？妳不需要變成別人，記得，要當自己。」但寶拉眼中只剩粉紅。芭比夢幻屋開幕，寶拉從別的女孩口中得知，吵著要去。母女對峙，母說：「妳不是公主，妳是獨立的女孩，我不希望妳成為芭

比。」女說：「我要芭比！我要芭比！我要芭比！」

芙烈達・卡蘿被丟在牆角，無法參與這場對峙。

有三個女兒的克勞蒂亞（Claudia），則是開心地回答：「我們一家人才剛剛去了芭比夢幻屋，大家都很高興！」屋子裡，有粉紅色的蛋糕，粉紅色的飲料，一切裝飾華麗繽紛。她說，她當然希望三個女兒都變成公主啊，女性愛美重打扮，根本是天性，那些女權團體想太多了，不需要那麼政治正確。「女性溫柔美麗，不代表沒有力量啊，你看看網球選手瑪麗亞・莎拉波娃（Maria Sharapova）。」我馬上追問：「那麼總是打敗她的小威廉斯（Serena Williams）呢？她一點都不像芭比啊。」我繼續說，現任的德國女總理梅克爾（Angela Merkel）、翁山蘇姬，也都不走芭比公主路線，但她們改變了這世界。

克勞蒂亞喝口咖啡，撥了一下頭髮說：「親愛的，那太辛苦了。不過，當芭比有個壞處，就是，男朋友是男同志。好慘。」

安妮（Annie）任職於環保基金會，常帶小孩一起上街去反核，家裡後院種植蔬菜，奉行有機環保綠色生活。談起芭比夢幻屋，我原本認為安妮一定也會奉送髒話子彈，想不到她竟然說：「其實我小時候跟我姊姊都好喜歡芭比！」姊妹倆常會帶著她們的芭比去拜訪隔壁鄰居，女孩們拿出各自的芭比，玩起角色扮演。她說，她當然不贊同玩具的過分量產與丟棄，家裡給小孩的玩具都是去回收機構撿拾來的，她希望小孩玩泥巴堆沙子，但她並不反對女兒玩芭比。她說：「現實會打敗幻想的，你看我跟我姊小時候都想變成芭比，但她現在是個拒婚的生物學家，大公司的高階主管，我養兩個小孩，上街去抗議，從不穿裙子，也沒變成芭比。」說起姊妹的童年芭比時光，安妮臉上充滿懷舊的光芒。現實早趕跑了芭比虛幻，但，芭比永遠是童年的美好。

我站在柏林芭比夢幻屋前，粉紅色在驕陽的照射下更加放肆。我想起小時候在電視上不斷被芭比娃娃的廣告轟炸，直到有一天我看到鄰居小女孩的芭比，竟然就馬上把她的衣服給剝光。長大後，我與許多男孩們討論到芭比，發現有不少人都跟我一樣曾經這樣暴力對待芭比，我們都想知道，華服之下的真相是什麼。好友 E 聽了大笑：「你以為只有男生會這樣嗎？我小時候要我媽買 Ken 給我跟芭比作伴，就是為了想脫掉他的衣服！」只是，關於身體的這一課，其實我們都錯判了。我們曾經都以為，女孩就是大胸長腿，而 E 看到裸身的 Ken 之後，竟然以為男生下部原來跟女生一樣，根本沒東西啊。

丹麥團體水叮噹（Aqua）的暢銷曲〈芭比女孩〉（*Barbie Girl*）這樣唱：「我是個芭比女孩，活在芭比世界裡。塑膠生活，真是美妙。你可以梳我的髮，脫我的衣。想像，生活就是你的創造。」（I am a Barbie girl, in a Barbie world. Life in plastic, it's fantastic. You can brush my hair, undress me everywhere. Imagination, life is your creation.）這首歌當年在全球大賣，引來製造芭比的公司美泰兒（Mattel）提告，認為歌詞當中直接把芭比唱成「花痴」（Bimbo），損害芭比形象，但訴訟後來沒成立。這首歌把女性放置在絕對被動與柔順位置，女性的各種可能性都被簡化成「花痴」形象，細聽歌詞絕對會皺眉。

只是，美泰兒長期經營的芭比形象，難道真的被這首歌給損壞了，還是只是透過流行音樂，認證此玩具公司的性別經營概念？告的對象，是流行樂團，或是自己？

芭比夢幻屋一看就知道很單薄，地震颱風一來馬上一切粉紅皆空。女孩，髮可自梳，衣可自穿，夢幻不存在，堅強的自己，最真實。

芭比夢幻屋是一棟臨時建築，大型的粉紅色的高跟鞋在門口迎接芭比迷，娃娃尺寸的家當全都放大，訪者可盡情體驗擬真的卡通世界。

Fitnessstudio

人魚或鮪魚

柏林某家健身房尋找模特兒拍攝平面廣告，我抱著好玩的心態應徵，想不到竟然收到錄取通知。我體態正常，但根本沒胸肌腹肌二頭肌，怎麼會決定用我？難道拍攝概念是對照組，以一群擁有人魚線的模特兒，對比肚凸如鮪魚的平凡人？

那我一定是鮪魚組了。

到了拍攝現場，二十名左右的模特兒都是年輕男女，自信健美好動，肌肉撐開緊繃衣裳。模特兒大部分是德國人，但也有巴西人、西班牙人、非洲人，我則是亞洲代表。我才明白，原來他們希望廣告能呈現多元種族和諧的健身風景，所以選了我。雖然我已經三十七歲了，但反正軟體可以把藍海修飾成綠林，沒六塊腹肌無妨，衣服遮著還算能看。

拍攝過程非常辛苦，連續六小時，大家要在鏡頭前跳韻律舞、做瑜伽、舉重、打拳，再累也要露齒微笑。短暫休息時，大家開始聊天，話題圍繞著健身，我因此進入了一個非常陌生的新世界。這些模特兒都二十歲出頭，青春熾熱，皓齒明眸，腹肌如陡峭山岳，手臂可劈柴擋虎。他們討論著哪裡可以買到高蛋白飲品，哪個伸展動作會讓腹肌更明顯，哪個夜店派對精

辛勤鍛鍊的人魚。

采，哪家健身房會費划算。他們在健身房投資大量的時間，以確保身上的肌肉線條分明，人魚線深刻，身上鑿斧痕歷歷。他們對著鏡子舉重，練肌肉，很明顯地，戀自己。

在這個健身世界裡，我是邊緣人，話題搭不上。我喜歡運動，但我只希望保持健康活力，不介意肚子多一點歲月肥油。這些模特兒必須把大量的時光丟擲在健身儀器前，時時忌口，不可懈怠，否則時光是殘酷的橡皮擦，人魚線兩天就可能淡了。

我回想自己的二十歲，忙著求學、追知識、進劇場，有時間就拿來寫作，吃食不忌。於是，我變成今天的自己，和朋友聊天的主題是文學、劇場、電影，和公民運動，職稱是作家。這群模特兒處在一個我從未進入的時空，那裡肌肉被膜拜，讀物是健身雜誌不是文學，不健美毋寧死。

拍攝第二天，許多模特兒討論著昨夜的夜店狂歡。原來，經歷昨天六小時拍攝之後，他們還有精力換上時尚服裝，徹夜狂舞，只睡了幾小時就來拍攝。某位女子開心問我，昨晚去哪裡派對？我老實回答：「我十點上床睡覺，睡前還喝了薑茶。」對方尷尬無法接話，話題一刀兩斷。其實我還沒說完，搭配睡前薑茶的，是文學小說。

要當鮪魚還是人魚？這當然是個人選擇，沒有高下之分。如果真要把人類比擬成魚，海裡有各式各樣的魚類，體態不一，有鯊有魟，有肥有瘦，這世界因此繽紛多彩。

但我知道我是誰，我要把時間用來進劇場，參觀藝廊，四處旅行，寫長篇小說，因此，我不會有人魚線，我只求健康，愛自己，也愛別人。而且我知道，再緊繃的線條都會被歲

月摧毀，人魚還是會老。但讀過的書，就在身體裡定居了。知識不會鬆弛或者下垂，智者上不了流行雜誌的封面，卻可能改變世界。

我確定，我要當鮪魚。

入夜的柏林健身房，有許多人魚。

Bellevue

色盲、休假、圖像、公私

一、色盲

看到網路上許多人罵韓國人是狗，菲律賓人是傭，我想起九歲的德國男孩N。我和他聊天時，發現他有色盲。

他把玩手上的遙控直升機，跟我解釋機體上的各個部位。我不懂「旋翼」、「垂直升降」等德文專有名詞，兩人溝通擱淺。我拿出字典查詢，他耐心地等我，沒有任何催促。我說：「對不起，我是外國人，有些字真的必須靠字典。」他微笑說：「沒關係，我學校有小朋友德文不太好，但我都知道他們要說什麼。」

我追問，學校是否有外國籍的小朋友？他們來自哪裡？皮膚是什麼顏色？母語是什麼？

N一臉疑惑，答不太出來。他抓抓頭問：「皮膚顏色？我……沒有想過這個……什麼是『母語』？」

N的媽媽跟我解釋，學校大部分的小朋友跟N一樣是白人，但有少數的小朋友是少數族裔，有的是德國長大的，有的剛剛隨家人移民到德國。跟N要好的幾個玩伴，有非洲裔、菲律賓裔、中國裔還有印度裔，都喜歡踢足球。

難怪，初見N時，他對我的黃種人長相並不好奇，因為他學習的環境裡，族裔繽紛。外出教學遠足，每個人打開家人準備的便當，我的是德式黑麵包夾起司，你的是飯糰，他的有烤餅有咖哩香。老師不分族裔，平等對待，同時請全班耐心幫忙正在學德文的同學。於是，N有族裔「色盲」，他習慣外來者的容顏，他根本沒想過膚色這件事。對他來說，皮膚深淺不重要，大家都是人啊。

有這樣的色盲，於是不以膚色判斷人格，不懼怕甚至歧視他者。N的眼神純真清澈，看出去的世界，寬闊無疆界。

二、休假

好友從台灣來訪，想跟隨我平日步調，抓取柏林片刻。一早我們去我最愛的麵包店，結果大門深鎖，門口貼著一張紙：「我們去西班牙度假了，一個月後見。」中午去我讀書寫作的咖啡館，再度撲空，也是一張紙：「八月十二號見。」晚上他想聽歌劇，我直接潑冷水：「劇團休息囉，華格納也需要放暑假。」

他非常不解，大喊：「德國人怎麼那麼愛放假！麵包店關門一個月，不想賺錢嗎？」

這是七月柏林，太陽濃豔，薰風疏懶，國會休會，學校關門，劇院歇戲。

剛好我讀到台灣新聞，行政院長要求政府官員必須休假，不論是國家領導人或者是閣員，該休假時，別繼續工作。

休假有多重要？工作的緊繃會讓人失去精準的判斷力，一直孜孜不怠根本不健康。《禮記》寫道：「一張一弛，文武之道也。」緊繃跟鬆弛必須搭配，勞動與安逸互相調和，路才走得遠。一個完全不度假的總統，很可能思緒混沌，判斷力朦朧。度假不是帶著媒體去拍照記錄，做個兩天秀，發個八股新聞稿就算了。休假是徹底休息，遠離狗仔媒體，讓自己能喘息沉澱。

麵包店、咖啡館休大假，老闆、廚師、員工都去曬太陽、體驗異國，掃除疲憊，帶著新的能量回到工作崗位，如此，麵包配方有了新靈感，新推出的菜色有異國新情調。當然想賺錢，但是，生命、眼界更重要，休息回來，路其實還在。

學生該好好放假，於是有時間讀課外書，與家人相處。職員該好好放假，在海裡山裡重新找回自己。任何人都需要好好休假，這是基本的人權。

三、德國政治圖像

我們談論政治人物時，率先在腦中出現的，是怎樣的圖像？

穿西裝的男性？身後有賢妻與兒女？最好是外表正派，健康清白，有外國高等學歷，才是選票磁鐵？

今年九月，德國將會舉行大選，選出新政府。如果現任執政的官員齊聚拍張畢業照，我們會發現，幾位重要的德國政治人物圖像，其實並不符合許多人的想像。

總理安格拉・梅克爾（Angela Merkel）是國家的領導人，她是德國史上首位女性聯邦總理。她身材並不曼妙，不以外表取勝，但是她影響力鉅大，在男性主導的政治競技場裡，取得領導。

菲利普・羅斯勒（Philipp Rösler）是副總理，光看名字會以為他是個一般德國人，但其實他是亞裔，越戰時出生，被德國父母收養長大。

烏瑟拉・馮・德・萊恩（Ursula von der Leyen）於公是聯邦勞工與社會事務部長，

柏林遠景宮（Schloss Bellevue），是德國總統府。現任總統為約阿辛姆・高克。

於私是母親，生了七個小孩。

基多・威斯特威勒（Guido Westerwelle）是外交部長，是個出櫃的男同志。參加重要外交場合時，他會帶著男伴一起與會。

沃爾夫岡・朔伊布勒（Wolfgang Schäuble）是財政部長，一九九〇年在一場競選活動時，他遭到槍擊，從此癱瘓，必須靠輪椅代步。

這些圖像很值得大家思考：女性當了老闆，少數族裔擔任要職，部長是同性戀，坐輪椅一樣可以做決策。

我想像，因為性別、性向或者肢體障礙被打壓的孩子們，看了這些圖像，心裡點燃了小小的火光。給他們機會，讓那些火光，燒掉我們心中的刻板偏見。

四、公與私

台灣新聞媒體熱愛名人，戰事、饑荒都比不過結婚、生產、離異、購屋、外遇，記者監看，全民熱烈。談話節目邀名人，直說公領域沒觀眾關心，主持人直攻私領域，收視率高漲。

電影辛苦的拍攝過程、一首歌的靈感、贏得競選的策略、寫一本書的耕耘，都是觀眾不感興趣的事，大家只對誰愛誰有興趣啦！

那我來跟大家介紹德國現任總統約阿辛姆・高克（Joachim Gauck），他是路德教派牧師，東德極權執政時，他是民間重要的反政府領導之一，長年受到前東德祕密警察「史塔西」（Stasi）的監控與騷擾。兩德統一之後，他負責還原「史塔西」的檔案與真相，備受社會敬重。二〇一二年，德國聯邦大會選舉，他正式成為德國的總統。雖然德國總統並不擁有政治實權，但仍是國家重要的指標。

這是他的公領域概述，充滿人權、德國近代的軌跡。

那我們來說說他的私領域，保證讓覺得有些無聊的讀者，閱讀此文的精神稍微一振。與他住在總統府官邸的第一夫人，其實並不是他的妻子，而是他的情人丹妮耶拉・夏特（Daniela Schadt）。他與妻子葛希爾德・高克（Gerhild Gauck）早已分開多年，但兩人並沒有離婚。

以台灣媒體的口吻來說，就是「第一夫人是小三！」或「元配落敗，狐狸精勝利！」

但除了極少數保守媒體，德國媒體並沒有針對總統的私生活大肆渲染。第一夫人雖然不是總統法律上的妻子，但那是他們個人決定。總統的私生活是他的個人範疇，真正重要的，是他的清廉、是否能勝任總統工作。公私有一定的切割，整個國家的理性度就提升。

小三不小三都是別人的事，先照鏡好好看看自己吧。

Obststand

水果攤國際觀

我柏林家的隔壁是一家土耳其人開的水果攤，瓜香果豔，我是常客。柏林觀光客多，水果攤老闆說德文與土耳其文，但不說英文，面對各種國籍的旅客秤斤算錢時，手擺腳動取代語言，英文、西班牙文、中文、德文、法文、日文都出現過，水果攤每天都非常國際。外語有時是溝通飛蚊，叮人滿頭包；但溝通有礙常常也是樂趣，拘謹的文明身體都忽然必須開始演戲，光是微笑哪足夠，快快召喚梅莉・史翠普來附身，舞動肢體，只求跨過洶湧的外語河。

一次我來買菜，前面的客人與土耳其老闆正身陷語言迷宮裡，客人說著文法亂、有濃重口音的英文，老闆則一直以德文回覆，客人的焦急燒著，都快把手中的綠芒果給催熟了。老闆看到我，急忙請我幫忙，有我這個臨時口譯當橋，兩人終於達成買賣理解。

這位說英文的客人向我道謝，接著問我：「為什麼他們都不會說英文呢？好奇怪。」我答：「因為你在德國。這裡，人們說德文。」

其實，我面前這位買水果客人，本身英文也紊亂，口音濃重，文法錯亂，但他卻覺得在德國柏林賣水果的老闆應該要會說英文，這邏輯很奇怪，自己都不太行的事，怎麼會要求人家一定要做到呢？我想，這位先生大概就是覺得「英文是國際共通語言」，而忘了去尊重每個國家對於自己母語的保有與使用。

幾年前，我在柏林採訪台灣某知名大學校長，他或許是旅途勞累，態度有些傲慢。問他這幾天在柏林的經驗，他皺眉抱怨：「怎麼德國英文標示這麼少？這樣誰看得懂啊？」那時我才發現，原來我們一直重視英文教育，到最後卻培養出了只以英文為世界中心的人才，他們把英文當做是唯一合理的外語想像，來到柏林看不懂標示，卻沒想過，這些標示其實主要是給本地人看的。

我不禁想，學外語，不是為了培養大家一天到晚強調的「國際觀」嗎？不是為了跟國際接軌嗎？不是為了讓自己世界更開闊嗎？怎麼這位校長，人身在德國，心中卻只剩下了英文？

大學時打工賺生活費，我當英文家教，也在補習班教兒

柏林有許多土耳其人開設的水果攤、超市，瓜香果豔，是城市角落很多彩的族裔風景。

童美語，因此眼見過許多心急的家長，擔心自己的小孩英文學不好，會被全球化浪潮給遠遠拋在後，長大後一定會被徹底淘汰，因此督促小孩努力背英文單字。有位媽媽讓我印象特別深刻，她的小孩上的幼稚園是標榜雙語的幼稚園，上小學後請美國人來家裡當語言家教，小孩放學後還來補習班學英文。我發現這位小孩的確是會說英文，乍聽似乎是不錯、流利的英文，但文法組織破碎。在課堂上，這位小孩的讀寫完全不行。幾堂課之後，我發現他的中文也很差，母語句構紊亂，英文也沒學好，語言築起了成長障礙。我跟媽媽聊天，我覺得讓小孩停學英文一陣子，先好好把自己的母語的城堡蓋得穩固，再來學英文根本不遲。我說：「我十三歲上國中才開始學英文啊，其實學外語這件事跟起跑早晚並沒有一定關聯。」但媽媽不聽，

只想要換掉美國家教。我想介紹一位朋友去應徵，但朋友是美國華人，媽媽看了，竟然跟我說：「我只想要請美國人。」原來在這位媽媽心中，美國人就等於白人，其他皮膚顏色的都不算。心胸狹隘的媽媽，想把小孩推向全球，其實，卻只教育了偏見。

學英文當然很重要，英文的普遍性不用多說，英文學好，可以讀的書倍增，聽到的聲音也不會只限於母語，世界可能會因此更遼闊。尤其是台灣此時此刻，媒體失靈，新聞台狂播瑣碎雜事，埃及的動盪在電視上出現的頻率根本比不上某位小明星的情事，如果擁有英文能力，就能透過網路接收英文媒體的資訊，自己主動去瞭解這世界正在如何轉動。

但是，外語，並不等同於英文。這世界上，還有許許多多的語言，影響力不見得比

英文小。若有機會學習英文之外的外語，一定會發現不同的語言會有不同的境地與角度。例如，美國出兵伊拉克，以美國為主的媒體就會使用「解放」，但其他國家的媒體使用的字眼卻是「侵略」或「攻擊」，動詞不同，歷史的角度就徹底翻轉。

台灣是個島國，政治位置孤立，對於「國際觀」我們有一定的焦慮。我們努力申請舉辦國際賽事，全民學英文。島嶼四處都有英文標示，但拼音紊亂，錯誤百出。我們一直努力拼觀光，英文標示堆疊，但就算全島都有精良正確的英文標示，就會吸引大量的國際觀光客前來嗎？

我記得我拜訪過的義大利的海邊小鎮、法國南部的小山城，還有捷克湖邊小村，當地沒有任何英文標示，菜單沒有英文版本，居民說著自己當地的語言，但，卻還是有源源不絕的訪客前來。因為這些地方有驚人的人文景觀，文化底蘊深厚，他們根本不用急著「國際化」，照自己生活步調過日子，煮家傳的菜，唱奶奶教的歌。

其實，「國際觀」就是理性的好奇心，不是八卦獵奇，而是以尊重理解的視角，願意花時間去瞭解世界上正在發生的那些殘酷戰事、出版了哪些文學書、拍了什麼反應社會的電影、選出了什麼政治人物。因為世界很大，語言繁星，傾聽世界之後，或許，我們終於也願意去為世界做點無私的奉獻。

但其實不見得一定英文好才會有所謂的「國際觀」，我身邊就有幾位柏林或台灣朋友，真是沒天分學外文，學英文等於被抓去撞牆。但他們勤讀翻譯書籍，知曉的世界，絕對比認為「英文標示等於國際化」的校長還要寬廣。

所以，勤奮學習但卻依然無法駕馭英文，其實不是悲劇。重點是好奇心沒被磨損攪碎，不懂沒關係，還可以翻字典或讀翻譯。不是英文考一百分，腦子就會長出「國際觀」區塊。「國際觀」是瞭解，讓我們學習從他人的角度來看世界，於是我們不自大，因為耳朵裡不是只有自己的獨白。

隔壁的水果攤依然每日上演語言戲碼，老闆繼續說著德文或者土耳其文，回答各國旅客。問他要不要學英文？他說：

「英文不是問題，西瓜甜不甜才是問題！」

說的好。

Bibliothek

自由圖書館

靜坐，睡眠，曖昧，求知，舞蹈。完成上述，不需遠遊求索，全部免費，台北可以，柏林可以，羅馬可以，大城小鎮偏村都行。一切，皆在圖書館。

我記憶當中的第一間圖書館是我的家鄉彰化縣永靖鄉的圖書館，國中升學壓力大，假日除了被老師逼迫到校溫習之外，好不容易離開校園，同學竟然還相約去圖書館讀書。在家有電視誘人丟書，圖書館裡坐滿用功的學生，沒娛樂設施，室內空氣尖銳刺人，坐在這裡似乎就會認命，埋首背誦演算。但是，我很快就發現，迫人高壓只是表面，真正的故事原來在枱面下。我總是在打呵欠、伸展身體時，快速用餘光掃過室內，或者故意讓鉛筆掉落地面，窺看桌下風光，幾秒鐘就會看到青春的騷動。桌面上有眼神投擲，你丟我接，羞赧曖昧；桌面下有小手觸碰，你拉我牽，熱汗撩撥。家裡雖然有電視，但遙控器被父母掌控，根本比不上這大考前的夏日圖書館。因為，這裡有自由可以偷渡。

上大學後，專攻文學，我才真正得到求知樂趣，也學會懂得使用圖書館。當時電腦檢索系統仍在起步，要精準地搜尋到需要的文獻資料，需要耐心與一點運氣，才能在書海當中找到目標。英美文學區域一向冷清，我搜文本閱理論，很少會遇到人。有一次我安靜地蹲坐在角落書架旁看書，一對男女躡手躡腳走近，沒看到我，就開始在莎士比亞全集旁開始親熱。我骨骼瞬間冰凍不敢移動，聽到那位女生小聲問：「真的不會有人嗎？」男生快速答：「這裡只有鬼才會來啦。」

我不僅是鬼，也是學人精。不久後，但確定這個昏暗的圖書館角落裡沒有其他鬼之後，也在亨利・詹姆士（Henry James）的面前，吻了某人。

昏暗的圖書館角落可親吻，也適合睡眠。

我有一位台灣好友，有嚴重的睡眠障礙，但卻總是能在圖書館裡好好睡上一覺。她尤其懷念已經走入歷史的台大舊總圖，她當年一看到那裡頭陳設的大木桌與綠色枱燈，馬上就有睡意。把書本攤開，身體一接觸到大木桌，微笑趴在桌面上，總是能睡上幾個小時，口水就在書本上匯流，美夢成湖。

圖書館助眠，除了昏黃的燈光、舒適的桌椅是禍首之外，書本的味道也是幫凶。眾多書挨挨蹭蹭擠在書架上，灰塵、有年歲的書頁、

柏林鴻堡大學的「五斗櫃」圖書館。

圖書館裡的密閉空間，會讓整個環境瀰漫著一股濃重的書卷味道。這味道引發許多懷舊的發想，腦子出現了泛黃的舊照片、祖母家的老沙發、兒時最愛的臭被子、前情人的皺襯衫，聞之欲眠，快快把眼皮打烊吧。求知當然重要，但先睡飽再說。

到柏林之後，我很快就找到很多可以待一整天的圖書館。這些圖書館有的是古蹟，有的是建築大師的作品，在裡頭翻閱乾燥的史料，抬頭欣賞建築，美感濕潤雙眼，視力充電，有力氣繼續與書頁上的小字纏鬥。

為了查詢法律條文，有一陣子我時常進出柏林鴻堡大學（Humboldt Universität）的「五斗櫃」（Kommode）圖書館。這個圖書館就位於菩提樹下大道旁的貝貝爾廣場（Bebelplatz），於一七七五至一七八〇年間興建，原本是個皇室圖書館，因為外型讓人聯想到五斗櫃而得名。我很喜歡這個在二次世界大戰被毀損之後又重建的圖書館，歷史感很重，藏書豐富。而因為就緊鄰貝貝爾廣場，我偶爾起身到窗邊，總會清楚地聽到廣場上的各種聲音騷動，遊客歡笑，導遊大聲說著納粹在廣場上的焚書史實。回到座位，世界又靜下來。圖書館是個靜謐的場所，我在其中專心地查閱資料，彷彿墜入一個與城市平行的時空裡，在這裡，一切緩慢遲滯，有學生睡到打呼。

T跟我坐在「五斗櫃」圖書館裡，眼鏡摘下，外套拉鍊拉開，眼睛閉上，在椅子上盤腿。十分鐘後他張眼，伸展肢體，臉色紅潤，用手機傳來訊息：「圖書館是打坐最好的場所，每個人都必須禁語。你去健身房做瑜伽，還有很討厭的人工音樂。這裡最好。」

靜。慢。難得。好。

在圖書館找資料不是Google或查詢維基百科，必須慢慢來，找資料就像是走迷宮，這本書上的引用書目，引導我去另外一本書，因此開啟更多的思考方向。一整天下來，有迷失，也有尋獲，桌上一堆書籍疊著，我打著呵欠，思緒挖開好幾個隧道，快要見到光了。

我當然愛網路，要找到最新最近的資訊，圖書館裡的書籍並無法提供，一定要靠網路。但同時，我也愛圖書館的緩慢，那種在書海當中撈解答的慢速搜尋，訓練人的耐心與思辨能力。最新最近的資訊確是網路強項，但圖書館裡保存的知識寶藏，千百年前就高度發展。在圖書館裡，必須慢慢來，任由外頭的世界盡量快速、喧鬧，這裡總有一張書桌，歡迎你坐下。

我最喜歡的柏林圖書館，則是柏林自由大學（Frei Universität）的語文圖書館（Philologische Bibliothek），這間圖書館由知名建築大師諾曼・佛斯特（Norman Forster）操刀，二〇〇五年完工，造型宛如一個人腦，邀請學生們走入激發腦力。這個圖書館是個綠建築，白天可採自然光，建築的開口設計有自然通風的功能，省去許多照明與空調費用。裡頭造型流線，色調潔白，我在書架之間流連，會有種被美感包圍的感受，建築與書本緊密結合，圖書館也可以如此舒適且現代。我最喜歡這裡的書桌，線條柔美蜿蜒，在視覺裡流動。每個座位都配有桌燈與插座，方便使用者久坐與使用電腦。

柏林流行各種「長夜」，有「博物館長夜」、「歌劇與劇場長夜」、「宗教長夜」、

「合唱團長夜」，名目眾多。「圖書館長夜」這晚，城裡的許多圖書館都開放到午夜，館方推出特別節目，鼓勵民眾來認識圖書館，進而願意多加使用圖書館。自由大學的語文圖書館平日安靜嚴肅，在「圖書館長夜」這晚，館方竟然請來了韻律舞老師，就在圖書館內跟大家跳拉丁舞Zumba。

我在圖書館裡看著舞動身體的人們，拉丁音樂節奏奔放響徹全館，地板微微震動。想到把Zumba引進圖書館裡的館員真是瘋狂，但此時不加入，什麼時候才能再度在建築大師設計的圖書館內大跳拉丁舞？快把外套跟矜持脫了，加入就是。

這間圖書館真是我心目中理想的公共境地，書籍沒有審查過濾，入館不需檢查身分，可讀可睡可舞。

理想的圖書館，歡迎借閱自由，且不用歸還。

柏林自由大學的語文圖書館，造型宛如一個人腦，邀請學生們走入激發腦力。（Bernd Wannenmacher／攝）

LIBERTAS

我最喜歡的柏林圖書館，則是柏林自由大學的語文圖書館，
這間圖書館由知名建築大師諾曼 ‧ 佛斯特操刀。
（David Ausserhofer ／攝）

Teil 3

繼續叛逆的故事

HEDWIG SANN
GEB FRIEDEMANN

Freischaffender
自由工作者

莎拉是個糕餅師，咬一口她親手烘焙的杯子蛋糕，甜味撞進身體，唾液成蜜，血液變蔗汁。她的大理石巧克力蛋糕香氣濃郁，用刀子切開蛋糕就是揭幕舞蹈劇場，巧克力在舌上碧娜・鮑許。看她在廚房廚房烤蛋糕，說童年，講她最近的愛情遭遇，真是情感綿密充沛的女性，難怪做出來的甜點直殺腦門，一口接一口簡直上癮。

莎拉不屬於任何公司單位，是自由工作者。柏林幾家咖啡館固定跟她訂甜點，她在自家廚房烘焙，然後開車把甜點送到每家咖啡館去。除了甜點，她也做外燴服務，派對、婚禮、會議都接，負責過五人派對，也做過百人婚禮。她的廚房其實不大，但她炊具齊全，總是能在這小廚房裡變出成堆美食。我最喜歡看她做菜，雙頰殷紅，腰肢擺動，非常有魅力。她從不看食譜，一切都記在腦子裡，一道新學的菜親手做過一次，就不會忘記任何食材與份量。

事實上，莎拉是個合格的護士。她受過完整的護士訓練，也在醫院工作了很多年。就在即將拿到終身合約之前，她毅然決定放棄安穩的工作，開始追求她真正的熱情：美食。很多德國人一輩子安安穩穩在同一家公司奉獻青春，領固定的薪水，休固定的假，一直到退休。但這種傳統的工作概念不再是人生唯一選擇，尤其是柏林，許多年輕人決定自己創業，或者成為接案子的自由工作者，少一點所謂的安定，但多了冒險，與掌控自己人生的契機。莎拉決定放棄護士終身職時，父母覺得她根本就是瘋了，但身旁的朋友倒都給予支持，因為大家都知道，她開朗正面，對物質要求不高，戶頭裡所剩不多也不會愁苦，只會趕緊去打工賺錢。

她交遊廣闊，什麼朋友都有。她靠各路朋友的介紹，很快就開始接訂單，餐廳來訂湯品，咖啡店來訂蛋糕，派對來訂外燴。她開著車在柏林到處遞送食物，從不喊苦，因為這是她想要的人生。當然，總會有那幾個月，訂單忽然銳減，自由工作者在此時的確最自由，有大量的時間可以實驗新食譜，只是，房租水電保險都有繳交期限哪。生意清淡時，她就會回去以前工作的醫院，以打零工的方式再穿上護士袍，直到訂單再來。

莎拉說，她天生就不是一個會需要很多「安定」的人，她從來都不懂為何有那麼多人願意一輩子都在一個自己討厭的環境裡工作。她從不想買房，沒錢出國度假也沒關係，但她就是沒辦法忍受自己雙手不是以熱情驅動。有時候真是窮，但她從不覺得窘乏。

裝飾完杯子蛋糕，她開始跟我說最近的感情事。她在網路交友平台

認識了新男友，熱戀一陣子之後，才發現對方根本隱瞞已婚的身分。她立即分手，但對方苦苦求愛，不斷給予更多的空承諾，不久後終於坦白妻子才剛臨盆。我和她吃著剛烤好的年輪蛋糕，她的手機不斷震動，都是那位男子的求愛與求饒。

她起身去準備下一個蛋糕，說著笑著哭著，故事都揉進麵糰裡。

不少台灣朋友常會抱怨，為何柏林的公廁要收錢呢？速食店、餐廳、商場、百貨公司，甚至機場的廁所門口，幾乎都有人員站崗，收取清潔小費。這些清潔人員大多身穿白袍，在小桌上擺了小白碟讓人撒落零錢。使用者上完廁所之前或之後，必須把零錢放在小碟上。

這些清潔人員大多數是女性，德文口語稱為Klofrau，如果要貼切翻成中文，應該是「廁所阿姨」。公廁使用者眾，不可能要求每個人都遵守衛生準則，要是沒有清潔人員立即打掃，各種小異味如螞蟻在廁所裡亂爬，蟻集慢慢壯大成怪獸，在鼻腔裡揮拳飛踢。使用者聞著看著前人累積的排泄，實在是很難放鬆。廁所阿姨隨時待命，一有人使用完馬上就進行清潔，就可以阻止異味，讓廁所保持衛生。所以，只要廁所的清潔度合格，我都會很願意給予這些辛苦的阿姨一些小費。

有一次，我在公園裡被黃蜂螫傷，紅腫熱痛，朋友們亂出主意，

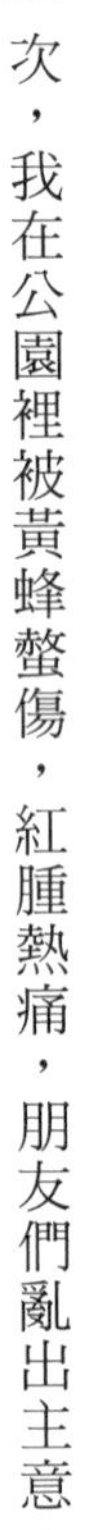

要我趕緊去廁所裡小解，然後用尿液塗抹傷口。我衝進旁邊的公廁，一路喊痛，門口的廁所阿姨看我表情扭曲，詢問我的狀況之後，馬上要我蹲下，先俐落地幫我脖子上的硬刺拔掉，然後從餐盒裡拿出洋蔥塗抹蜂螫處，很快，刺痛退散，馬上緩解紅腫。廁所阿姨驕傲地說：「啊哈，我奶奶教我的！你很幸運，我今天的三明治裡頭剛好有洋蔥。」

我趕緊給了小費，感謝對方為一個陌生人犧牲她的午餐。她卻堅持不收小費，說我又沒上廁所。我只好趕緊進去廁所轉一圈，洗個手出來，在碟子裡放下感恩的小費。

那個夏天，我常去那個公園慢跑，跑完之後去公廁洗把臉，跟洋蔥廁所阿姨聊兩句，給個小費。阿姨看到我，常常第一句話就是：「年輕人，我今天沒帶洋蔥喔！」

這位洋蔥廁所阿姨身材胖胖的，頭髮染紅，桌上一台小收音機，聽著廣播劇與八零年代的老歌。幾次短暫閒聊，她大方透露了廁所人生。嗜賭老公留下債務跑了，兒子入獄，家裡有個小女兒要養。在這個公廁擔任清潔工，其實時薪非常微薄，主要的收入就是使用者的小費。她白天顧這間公園廁所，傍晚再去一家商場顧另外一間廁所。她說，很多公廁根本就是不給清潔工薪水，清潔工必須自備清潔用具，自憑本事跟使用者索取小費。所以，她都會努力讓廁所隨時保持在清潔芬芳的狀態，期待顧客能從口袋裡掏出更多的感恩。遇

到堅持不肯付費的，她也只是聳肩，但會努力記住對方容顏。

有一次，她開口問：「你職業是什麼？為什麼白天有空出來慢跑？」我答：「我是自由工作者。」我們討論了一下自由業的定義，突然她笑說：「那我可以說，我在柏林，也是個自由工作者！」

我把感恩再度擲在小碟上，在清靜的公園廁所前，發出清脆的響聲。

一家瑞士巧克力公司在柏林辦試鏡，尋找亞洲面孔拍電視廣告。由於薪水誘人，而且拍攝廣告的地點在地中海西班牙小島，我也跑去試鏡。等待試鏡的時候，我遇到了許多在德國工作的亞洲演員，大家雖然互相競爭，但反正等待耗時，就聊起在德國當演員的甘苦。

德國演藝圈，亞裔角色幾乎完全停留在刻板印象，亞洲黑幫、越南難民、非法移民、餐館服務，而且都是配角，至今沒有突破性的亞裔角色。面前這些演員來自亞洲各國，卻常常要被要求演中國人，在劇裡說中文。他們其實根本一句中文都不會，但反正亂講一通，德國劇組也不會發現，就算播出之後，一般德國觀眾也沒有判斷能力，但有中文能力的觀眾看了就只會皺眉。這些演員們經過競爭激烈的試鏡之後得到角色，卻往往只是在鏡頭前出現幾秒鐘就被槍殺或者根本形同道具，很難累積演藝成就，報酬當然也微薄。

於是，大家其實都是自由工作者，開計程車、當兼職警察、端盤子、送貨。一有亞洲演員徵選機會，馬上就先放下工作奔去試鏡，期待能得到角色。只是，一直不斷地演出刻板小角，久了會有一種莫名的悲哀。

巧克力公司沒選上我，我很快忘了去小島拍廣告的幻想。但一位當初也參加試鏡的演員跟我說，那是他連續第十次試鏡被拒絕，連巧克力都不錄取他，說著說著就哭了。

後來，我去演了德國電影 *Global Player*，演出與我截然不同的商人角色，與許多知名的德國演員合作愉快。電影上映後，我受邀參加了首映，走了紅地毯，照片登上了雜誌與報紙。那位當初在我面前哭的亞裔演員寫信來恭喜，說打開《南德日報》（*Süddeutsche Zeitung*）竟然就看到我的照片，說我紅了。

不紅，一點都不紅。

因為我瞭解自己，也拒絕不實際的幻想。我不過就是一個住在柏林的台灣自由工作者，寫作，翻譯，採訪，演戲。收入不穩定，目標不是紅。我怕被綁住，但每份工作，我都拚全力。

秋日週三下午，我寫完雜誌的稿，瀏覽下週該交出的翻譯文件。我決定放下工作，出門去公園慢跑，與洋蔥廁所阿姨問好，然後去莎拉打工的餐廳喝她煮的法式番茄湯。

莎拉看起來瘦了一些，她說，剛剛徹底把說謊男子從生命中刪除。把謊言丟掉，人就輕盈了。難怪，那湯裡，有自由的甜甘。

Tafel

吃

一、懶惰蘇珊

連續幾個週日，我和好友M跑遍了柏林大大小小的跳蚤市場，只為了尋找「懶惰蘇珊」（Lazy Susan）。「懶惰蘇珊」其實就是中式餐桌上的轉盤，英文名古怪可愛。有次我在家裡附近的柏格斯哈根那廣場（Boxhagener Platz）的週日跳蚤市場上，跟大鬍子羅馬尼亞老闆滔滔周旋許久，他攤子上擺的紅綠燈、劇場椅，和懶惰蘇珊我全都想帶回家。老闆說，這些東西都有故事啊，紅綠燈來自他老家的路口（他小時都必須跟窗戶外的紅綠燈道晚安才能睡著），劇場椅來自他演過《李爾王》的捷克劇場（劇團到現在還欠他錢），懶惰蘇珊則是來自一家位於波蘭的難吃中國餐館（他當了一個月的洗碗工，中國老闆故意扣他薪水），這些都是他在夜裡親自取得的故事，怎麼能被殺價呢？

就是那句「夜裡親自取得的故事」，讓我購買慾全消。這老闆根本是當不成詩人便當賊，我可不要贊助偷竊。

後來我跟M提起這件事，他激動地抓住我問：「哪裡看到的？我一直想買一個給Susanne！」

M、蘇珊娜和一群朋友同住在柏林維丁區（Wedding）的破舊公寓裡，這群人都沒所謂「正當」的職業，有作家、演員、畫家、單親媽媽，大家都吃素、反資本主義、反核，住在一起分攤房租、互相扶持，頗有社會主義大鍋飯的理想。這群人從去年開始新的吃食運動，他們逐步減少購買食物，開始撿拾人們丟棄的食物，希望在資本主義大獲全勝的社會裡，找到一個既環保又節省的咀嚼方式。他們去五星級飯店後門的垃圾桶裡翻找，總是能找到完好的蘋果、香蕉、梨子、蔬菜，帶回家後經過清洗處理，就是美味的晚餐了。他們茹素，不撿拾容易腐敗的肉類，只帶回水果、葉菜類、麵包。一開始他們只是把週末定為撿拾日，但後來得到幾個飯店的默許，竟然有那麼一個星期，大家都沒有花一毛錢，每天都有營養的食物上桌。

今年三月，德國聯邦政府消費女部長艾根那爾（Ilse Aigner）引用斯徒加特大學的研究報告說，每位德國人平均每年丟棄八十一．六公斤的食物，每年有一千一百萬公噸的食物在德國遭到丟棄，其中最主要丟棄來源是家庭。此研究指出，被丟棄的食物當中，有三分之二都還能食用，引來了各界討論聲音，浪費食物成為輿論焦點。

浪費是先進社會很難避免的現象，大家買得起食物，看到冰箱裡的食物才過期一天，反射動作就是丟棄。M是

「捆」餐廳裡的女服務生Edunnia，她來自古巴。

個徹底實踐環保的朋友，只穿朋友捐贈的二手衣，騎腳踏車，吃素，盡量不購買。他努力推廣撿拾食物的運動，常跟蘇珊娜不定期來我住的這棟公寓的垃圾桶裡尋找食物。

M偷偷愛著蘇珊娜，一直想買個懶惰蘇珊送給她。我有次提及，小時候我們全家圍坐吃晚餐，爸爸媽媽、七個女兒、兩個兒子，圓桌上的懶惰蘇珊勤勞地旋轉，餵飽十一張嘴。那是彰化鄉下農家的豐盛記憶，菜餚其實清淡樸素，但我們全家把每一顆米粒，每一片薑，每一碎肉末，都徹底吃完。M聽我的童年回憶，覺得懶惰蘇珊根本就是他們公寓唯一需要的家具。「想像一下：蘇珊娜做的菜，放在上面旋轉，每個人伸手把想要吃的菜轉到自己眼前。蘇珊娜一

定會愛上蘇珊的。蘇珊娜甚至可以坐在蘇珊上面打坐、做瑜伽……」

二、柏林餐桌

這是一個已開發國家，人們能輕易地取得食物，於是不經思索，就把長斑的香蕉、過期一天的鮮奶丟棄。但同一座城市裡，卻仍有許多人與飢餓纏鬥，連失去光澤的蘋果都買不起。

幸好，這城市還有「柏林餐桌」(Berliner Tafel)。

「柏林餐桌」是德國第一個食物拯救的非營利慈善組織，蒐集過剩的食物，救濟窮苦的家庭。這個組織成立於一九九三年，目前此計畫已經推廣到全德國。此組織還在柏林設立兒童餐廳，提供健康的餐點，不管是富家或者清寒子弟，餐廳裡不分階級，大家都只要花一歐元就可以享用美食。還有裝設廚房設備的雙層巴士，機動拜訪學校與兒童組織，讓孩子們學會親自處理並珍惜食物。這些兒童餐廳旨在打破階級，不管出身，不管身上的衣服標價多少，在這裡，只要有一歐元就可以吃飽。我幾個家裡經濟狀況不錯的朋友，經常帶小孩到這些餐廳吃食，他們希望孩子們能早點丟棄階級的概念，去認識同年紀卻窮苦的孩子，開始懂得施與受。大人們連吃飯時都沒忘偽善與勢利，但沒被大人教壞的孩子們眼中沒有偏狹與歧視，他們沒有種族、金錢、奢華老饕概念，真正下飯的，就是餐桌上大家

「捆」餐廳。

的笑聲。我們如此餵養小孩，將來，他們也如此餵養這世界。

我跟台灣朋友提起這個組織，對方驚呼：「德國哩！這麼有錢的國家，還有人沒飯吃？」

當大部分的人因為吃太多而要花錢減肥時，總是有弱勢家庭，餐桌上擺著問號，下一餐在哪裡呢？幸好還有一群大多是女性的餐桌志工，她們是親自餵養過小孩的母親，於是知道餵養下一代的重要。她們親自打造餐桌，菜色不以星星或者價錢衡量，重點是分享。

吃食，分享，都是人類的本能。

三、捆

我在柏林學會了煮菜，有能力料理三餐，節省開支。但偶爾想上館子吃飯，離住處幾步路遠的「捆」餐廳（Die Garbe）就是我的首選。

「捆」餐廳其實是個中途之家，由「柏林藥癮治療中心協會」（Drogentherapie-Zentrum Berlin e.V.）於一九九九年成立，讓曾受藥癮之苦的人們，能在這裡接受專業的餐館訓練，從工作中獲得自信，學會一技之長。餐廳明亮現代，每天都變換菜單，只要五歐元左右，顧客就可以享用美味大餐，還能支持這些努力遠離毒品的人們。

我很喜歡坐在這家餐廳裡，看服務生們忙進忙出。一個男服務生手臂上有繽紛的刺青，一張臉被歲月磨損，眼神憂傷。一個皮膚黝黑、說德文有西班牙文腔調的女服務生，總是在點菜時大笑，那笑裡有熱帶的陽光。他們都曾深陷毒癮，這家餐廳是他們新的啟程。那些每日變換的餐點裡，藏著他們的故事。我好想跟他們好好聊聊天，請他們跟我說說人生。但餐館的生意總是很好，我還沒機會在點完餐點之後跟他們多說幾句話。顧客來這裡不是觀看有毒癮的人到底長什麼樣子，這裡不販賣偏見，餐盤上的是熱騰騰的機會，吃完付賬，彼此都重新出發。

我和M約在「捆」用午餐，他剛在我家後院的垃圾桶裡找到一整袋的蘋果。他還沒找到懶惰蘇珊，還沒開口跟蘇珊娜說愛。我們把盤子清空，滿足地撫摸凸肚。刺青服務生過來收盤子，問：「今天的菜色還滿意嗎？」

M突然站起來擁抱了刺青服務生，說：「請你不要告訴蘇珊娜，我今天吃了魚。好好吃。我愛蘇珊娜。我愛你們的魚。」

「柏林餐桌」是德國第一個食物拯救的非營利慈善組織，蒐集過剩的食物，救濟窮苦的家庭。（Wolfgang Borrs/Bundesverband Deutsche Tafel e.V. ／攝影）

Grillwalker
攤販

冬日回台灣，住進高中同學J位於淡水的公寓，開始將近兩個月的台北短居。這座我思念的城市冬雨潑賴，大選拜票高分貝轟炸，我穿著發霉的皮鞋在城市裡奔波，不禁質疑自己的思念。但每當飢腸轆轆，我馬上又愛上這城，無論我身處城市哪個角落，我都可以找到散發香味、冒著白煙的小吃攤，一碗淋上滷汁或者麻醬的乾麵，配上貢丸湯跟燙青菜，那滴滴答答的雨聲就變成了美食交響樂，摩托車揚起的煙塵都是辛辣的胡椒粉。

我愛在攤子吃食購物，駝背的老伯親手現榨柳丁汁，戴假睫毛化濃妝的少女嗲聲央求我買下手機保護殼，缺牙的中年男子跟我保證一百塊的領帶價值八千，他們都有很多故事，我只能在短暫的交易時刻裡猜測攤位後的人生。有一次，我與朋友在鬧區的流動攤販買水果，突然巡邏警察出現，所有攤販快速飛奔，我們當時已經拿到水果，正要付錢，攤主是個中年婦女，她快速地說：「啊我們前面7-11轉進去那條巷子裡的西裝店前面見。」然後消失在人群裡。我們一路吃著浸過糖水的水果，依約找到了躲在巷子裡的攤主。她看到我們，一臉驚訝地

說：「啊你們真的來了！」原來，大部分的人都會選擇失約。老闆娘的手握住我的手臂，一臉感激說：「來來來，啊這包蓮霧送你們。」又有一次，我在中和某巷口吃麻油雞，老闆的破音響裡，竟然反覆放著雷光夏的〈原諒〉，歌詞在風雨中不斷重複：「我卻原諒了你，像海洋原諒了魚。」風起，雨滴被逼進攤上的熱雞湯，桃紅餐巾掙脫桌面漫天飛舞，裝滿雞骨頭的垃圾桶撲倒在地，日光燈突然熄滅了。但老闆沒動，風來雨來雞骨飛，他就只是站著，專注聽著〈原諒〉。

於是當J問我可否在淡水幫他擺攤賣花，我馬上答應，叨擾老同學將近兩個月，總要有點回饋。此外，我對擺攤有浪漫幻想。我在柏林的跳蚤市場擺過攤，我和兩位朋友合租了一個要價五十歐元的攤位，各自把家裡想出清的物件隨意貼上標價，不以賺錢為目的，主要是希望對我已經失去意義的物件，能透過小額的交易，找到新的主人。我當天賣掉了許多我從台灣帶來的書籍、CD與花襯衫，彷彿我從台灣帶來的舊人生，都在柏林的跳蚤市場被陌生人買走了。舊的我在異國被肢解買賣，我有種嶄新的奇異感受。

J跟我都來自彰化鄉下，他手巧心細，對花藝有濃厚興趣。他從彰化田尾批了蘭花、菜頭、銀柳，搶進過年前的淡水英專路早市。一大早，我們把花擺上攤位，用呵欠為菜頭澆水。總是繁忙的英專路，一大早更是壅塞，婆婆媽媽們出門買年貨，摩托車、汽車川流，煙塵空氣中有紫米飯糰、大腸麵線的味道。我們把噴上紅漆金粉的菜頭裝進竹藍裡，貼上喜氣的紅貼紙，等待客人上門。J去隔壁攤買早餐，我就站在攤後招攬客人。很快地，我就體驗到了真正的擺攤人生。原來，這是負面語言的攻防戰。

「菜頭這麼醜也賣一百喔？」「蘭花多少？這麼貴！三百？我在竹圍看到才一百五。」「你們家蘭花不是很好看哩，三百？一百我就買兩盆。」「三百？是一盆還是一打？」「喔，跟你們買花，我可以買兩天菜全家吃。」

婆婆媽媽們丟出這些語言小砲，通常攤主會一一拆招，讓這購買的火花在你情我願裡迅速燃燒。但我無法招架這些小砲，差點沒說出：「嫌醜不要買啊，還摸半天！」J回來後，發揮他做生意的口才，與顧客們鬥個小嘴，開個小玩笑，給點小便宜，於是賓主盡歡，攤上的花迅速減少。

PRIMARK

一整天，腳上的肌肉在褲子裡哭喊，尿意被意志鎖住，口乾胃空還是得繼續叫賣。突然，我就想到了我的母親。

我對母親的最初記憶，是削甘蔗。當時我們住在彰化永靖鄉果菜市場旁的房子裡，一家十一口張嘴要吃，於是全家大動員掙錢，除了家庭代工之外，我母親就在門口擺攤賣起甘蔗。果菜市場在沒落之前，交易活絡，每天都有許多外地人來去，生津解渴的甘蔗就成了夏天的熱銷品。我腦中夾層裡有這麼一個畫面：頭髮蓬鬆的母親，穿著碎花裙，一腳跨在板凳上，削著甘蔗。甘蔗皮頑固，不用力甘蔗很難見白。甘蔗刀不若一般刀具，木做的柄貼合手心，刀身長方，中間長條挖空，銳利刀面就在中空處，好讓削者使力，替甘蔗褪衣。我當時大約三、四歲，趁母親與客人結帳時，拿起甘蔗刀就想試試，當然馬上遭到母親的怒叱。這記憶夾層裡，我記得的母親容顏，是疲憊操勞，烈日下跟客人陪笑道謝的風霜臉龐。

J問：「柏林有攤販嗎？應該沒有吧？」

德國對食品安全規定很嚴格，開餐廳必須符合許多規定，否則勒令關門，更何況是擺攤。但在柏林，在人潮聚集的地方很容易遇見一群在街頭賣著烤香腸（Bratwurst）的流動一人攤販「燒烤行走者」（Grillwalker）。這種一人攤販的特色在於他們的裝備：背上背著燃料桶，前面則是烤架，燃料桶上延伸一根可接上雨傘或者旗幟的桿子，販賣者站著烤香腸，顧客上門就選根烤好的香腸，用白麵包夾住，淋上芥末或者番茄醬，要價只要一．二歐元。要成為這樣的香腸攤販，必須先花上一．二歐元取得販賣執照，才可在指定的地區販賣香腸。

天氣溫暖時，賣香腸長時間背著好幾公斤的烤架，需要充沛的體力。但當氣溫來到零下十五度，販賣者就必須各憑意志，看誰撐得久了。我在亞歷山大廣場跟一位「燒烤行走者」買香腸，他說夏天有時候可以賣掉二百條香腸，根本來不及烤，但是冬天遊客少，生意就很難做。他說德文有濃濃的外國腔，面對嚴峻的冬天，他就是繼續賣繼續站，因為家裡有老婆小孩啊。我付了錢，香酥的香腸撞上零下十五度，極速冰凍。我趕緊咬一口，回頭跟他大喊一聲：「好吃！」他笑著回應，笑聲在冷空氣裡特別清脆響亮。我可以馬上趕回家窩在暖氣旁，他還要在冰凍的廣場上站多久呢？

花販、削甘蔗的母者、聽〈原諒〉的麻油雞老闆、賣水果的婦女、燒烤行走者，都是勞動者。他們在巷口、鬧區、家門口，任何可以交易的地點，違法或合法，等待經過的陌生人停駐。甘蔗皮削下，旁邊的調皮小孩有了晚餐；香腸淋上黃芥末，口袋裡的零錢聲響更壯大。

是的，我很驕傲地說，我是攤販養大的。

Transvestit

12F

西班牙島嶼馬約卡（Mallorca）是德國人最愛去的度假勝地之一，受夠陰沉北方天空的人們只要買張廉價機票，四個小時之內，就可享受炙人的地中海陽光。島上廉價旅遊業興盛，許多德英旅客每年都來這小島買醉曝曬。電視上有粗糙的小島實境節目，拍攝沙灘上狂野的德國人，他們在鏡頭前灌酒、嘔吐，甚至互毆，以醜態燒旺收視。我在今年夏天，也買到了柏林到馬約卡的來回廉價機票，親自體驗這惡名遠播的小島。

那是個美好的假期，我發現只要避開幾個特定的沙灘，就可以躲過買醉的遊客，島上自然風光有粗野的氣魄，橄欖樹在陽光下銀銀閃耀，驅車至曠野，找個廢棄的風車休憩野餐，全然不見失控的旅人。想不到，就在回柏林的飛機上，我終於遇見了電視上那些不羈的遊客。

我搭乘的是廉價航空easyJet，託運行李要加價，隨身行李尺寸重量規定嚴格，機上採不畫位自由座，飲料、餐點都要另外付費，於是機票價錢親切。

登機後，一位空服員馬上抓住了我的眼光，很多旅客也都投以側目。這位空服員，身材高䠷，肩膀寬闊，前額髮線被歲月逼退，生理身形明顯是位男性。但他髮型柔媚，臉上有妝，音調陰柔，姿態女性，原來，是位跨性別的空服員。他／她與一般空服員無異，廣播安全事項，協助乘客把行李置放到座位上方的行李艙。事實上，他／她擁有男性高挑的身材，協助行李無礙，又擁有女性的溫柔微笑，這性別跨越，非常適合空服員的工作。

我暗自為航空公司鼓掌叫好，願意雇用跨性別的員工，表示這公司有文明的政策，就算誤點，我也願意原諒。在柏林，我有一位瑞典籍的飛機駕駛員同志朋友，就是在這家航空公司工作。雖然我與這位駕駛員不熟，但幾次團體餐敘，他都跟我說，他完全不需要在職場上隱瞞性向，公司裡的同志都不用考慮到出櫃的問題，因為根本沒有櫃子，性向本來就無關專業。搭乘這家航空公司，很容易遇見同志空服員，他們毫不壓抑的工作態度，總讓我覺得很舒服。不少航空公司都會規定空服員必須濃妝豔抹、戴隱形眼鏡、穿絲襪、儀態「端莊」，但對我來說，那都太人工了。職場上，每個人應該都要有展現自我獨特的適當自由，這跟專業並無牴觸。

逼近起飛時間，機艙內幾乎都滿座，只剩下零星幾個座位。機長廣播道歉，因為必須等待幾位遲到的旅客，所以將延遲起飛，柏林請稍候。這位跨性別空服員馬上拿起話筒廣播，請旅客關手機、電子產品。機槍當中，有竊竊私語，我知道，有乘客在討論這位空服員。

不久，幾位遲到的旅客，終於登機了。是年輕的德國男性旅客，皮膚在地中海裡煮熟了，每個都是紅熟龍蝦，喧嘩打鬧，在機艙裡尋找空位。很快地，他們發現了這位跨性別空服員的存在。他們的座位散置各處，彼此溝通，只能吼叫。我的位置是靠窗的12Ａ，隔走道的12Ｅ跟12Ｆ，就坐著遲到的兩位男性。這幾位遲到的男乘客，開始笑鬧，言語霸凌跨性別空服員。12Ｆ的男性把音量調大，對著散坐在其他座位的朋友大聲說：「這是什麼？我希望那個東西不要摸到我！」這句言語炸彈朝跨性別空服員射過去，沿途引爆笑聲。我座位後面一位老先生，笑地特別大聲。

這句話，讓我解開安全帶，在座位上彈跳起來，口中發射反擊飛鏢，朝12Ｆ射去。在那幾秒的反應瞬間，我決定用英文。在德國生活久了，雖然會說德文，但在特定的時刻場合，與德國人用德文講理，我會馬上失去言語優勢，所以我決定使用英文，讓對方無法立刻反應。

我用英文說：「這世界這麼有趣，就是因為有這麼多不同的人。所以，請放尊重一點，不要任意取笑別人。」12Ｆ被我嚇到，張口無法反擊。我馬上轉用德文說：「或許，您根本不會英文？我需要用德文再說一遍嗎？」

我身旁的德國旅伴，馬上接下辯論的棒子，開始用德文跟他們爭吵。12Ｆ似乎有點醉意，開始反擊，繼續大聲說話：「只是玩笑話，關你們什麼事！」玩笑話？這是性別霸凌，認為自己是異性戀，是充滿陽剛氣概的社會「主流」，高高在上，於是可以對弱勢的性別族群任意開語言的槍。

德國旅伴冷靜卻大聲地說：「我們整機乘客，不需要聽在您有限的知識水準之下的可笑意見，謝謝。」我接著說：「沒希望了，他根本不會拼『尊重』這個字。」

對方在此時住嘴。起飛前的爭辯只有幾分鐘，所有的旅客都安安靜靜的。我怒視背後剛剛那位笑很大聲的老先生，他趕緊低頭。如果我和旅伴沒有發聲，全飛機就都是旁觀者，跟著笑的就是共犯，一起任由這些旅客嘲笑跨性別空服員。

從頭到尾，跨性別空服員都安靜地準備起飛程序，臉上沒太多表情。

飛機順利起飛，往柏林飛去。

一路上，自知理虧的12F與他的朋友們都特別安靜，彼此不交談，跨性別空服員來推銷香水商品，他們趕緊假寐。到達柏林機場，提領行李時，我剛好就站在12F對面，

柏林同志大遊行，隊伍中的性別扮裝者化上誇張濃妝。

他低頭迴避我的凝視。我當然知道，這些大男孩們，應該是在島上度過了一個美好的夏日假期，酒精催化，於是肢體狂放，言語放肆，也許他們平常不是這個模樣。但大聲嘲諷跨性別空服員，就完全犯規踩線了。設身處地想一下，這位跨性別空服員，每天在不同的歐洲城市之間飛行，要面對多少粗暴的言語，與異樣的眼光？

當天我回到柏林家裡，馬上在臉書上簡短寫下這段經歷。一覺醒來，按讚的破千，轉寄破百。幾天後，按讚人數，竟然超過四千。許多人留言稱讚我的正義感，甚至有跨性別的人寫信來感謝我：「謝謝你幫我們說話。」

但我真的不覺得我是正義感上身，而是，我瞭解，被霸凌的感受。

從小，我常被譏為娘娘腔。體育非我強項，但在封建教育體制裡，我這個運動不強的男生，簡直是異類。高一的體育老師，因為我根本不會三步上籃、無法在雙槓上撐起身體，給了我五十八分的成績。很多年後，我才發現，我的身體協調性根本不差，只是在死板的教育體制內，連體育都沒選項，那些被視為主流的活動，剛好都不是我在行的。我會永遠記得，那位體育老師完全不管學生差異的霸道模樣。

我在下飛機時，跟跨性別空服員，交換了一個溫暖的微笑。我說：「謝謝。」他／她回答：「旅途愉快。」他／她的旅途還長，還有更多的旅客會丟擲嘲笑，但他／她站姿依然優雅，這性別的柵欄都跨過了，其他的，就姑且當做是飛機噪音吧。

德國朋友馬庫斯聽了我這個機上故事，跟我分享了他年少時扮裝的經驗。當時，他一個好友向保守的父母出櫃，卻被逐出家庭。幾位朋友為了支持他，決定和他一起參加柏林的同志大遊行。每個人，都跨越性別扮裝，馬庫斯租來了康康舞女郎的衣服，化上誇張濃妝，陪好友從遊行的起點走到終點。途中，他在繁忙的街道上，看到他父親與幾個生意夥伴從餐館走出來，他突然忘記自己的裝扮，興奮地拉著裙擺，跑到人行道上去跟父親打招呼。

他的父親，在柏林同志大遊行當中，與生意夥伴巧遇扮成女人的兒子，竟然沒有躲開，沒有疑惑，沒有皺眉，沒有辱罵，只是開心擁抱，語調平穩地跟身旁的夥伴介紹：「這是我的兒子，馬庫斯。」

馬庫斯其實是異性戀，他訴說這個故事時，身旁的老婆張大眼睛，吵著要看康康舞女郎照片。但馬庫斯哽咽，逝去的父親形象來到眼前，他眼中有淚。他些許激動地說：「我當時才發現，朋友的父母有多殘忍，自己的父親，有多酷。」

同志大遊行裡，
每個人都跨越性別扮裝。

Prinzessinnengärten

城市農夫

公主提醒我，我原來是農夫。

「公主花園」（Prinzessinnengärten）位於柏林十字山區（Kreuzberg）的「莫理茲廣場」（Moritzplatz）上，因為緊鄰公主街（Prinzessinnenstr.）而得名。但「公主花園」裡其實並沒有嬌貴的公主，只有一群熱情的城市農夫。

「公主花園」是城裡被住宅及商業建築包圍的一塊綠色園圃，一群熱愛種植的城市人，就在這裡實現城市農耕的夢想。這塊地原址是百貨公司，二次世界大戰被炸毀，之後荒置了半世紀。東西柏林分裂期間，柏林圍牆就是荒地的肅殺鄰居。二〇〇九年，非營利組織「諾曼第綠」（Nomadisch Grün）進駐此地，號召義工、社區居民清掃這塊荒地，把泥土、種苗、園圃搬進來，建立了栽種有機蔬果的「公主花園」。

女同志朋友A與W邀我去「公主花園」聚餐，她們栽種的番茄紅熟了，問我要不要一起去採收。A是台北女生，抛下台灣的一切，搬來與柏林女生W結婚，展開柏林大冒險。A在離開台北之前，住在家裡，媽媽為她洗衣服、準備便當，夜半晚歸，爸爸總是坐在沙發上怒視等待。W上大學就搬出家裡，經濟完全獨立，與父母關係疏離。A習慣依賴，W重視獨立。倆人註冊為伴侶半年後，關係觸礁。有次她們在我面前吵架，因為W準備的晚餐是冷麵包、冷沙拉、黑啤酒、臭起司，但A只想吃一晚熱騰騰的湯麵。W說：「起司臭？妳在妳的湯裡放那麼多大蒜，就不臭嗎？」A委屈落淚，進房間開始打包行李，說馬上要飛回台灣。我尷尬勸阻，「打包離家出走」這齣戲還是留給電視連續劇，面對感情，請試著理智。我也勸W去道歉：「相信我，不管妳覺得自己有沒有錯，如果妳想留下她，妳就先違背一下自己的意志，先道歉，說都是我的錯，危機會暫時解除。」又另外一次，A穿了Hello Kitty的上衣，跟W去看歌劇，W看了那件粉紅的衣服，什麼都沒說，但皺了眉頭。那晚，A搬去飯店，被我阻止的「離家出走」戲碼，終究上演了。

一段時間過去，我以為A早就搬回台北父母家了，想不到她打電話來，說最近迷上園藝，跟W一起去學種菜，整個人開朗很多。她們在「公主花園」種了有機番茄，天天都在等豐收。

我到「公主花園」與她們聚餐那天，剛好遇上栽種工作坊，這是個開放的空間，除了固定的城市農夫之外，任何人都可以來參加工作坊，學習有機農耕。A看我穿著花襯衫、牛仔褲、皮鞋，搖頭說：「你穿這樣，不合格喔。」我發現之前拚命美白的A晒黑了，穿著工作褲、樸素寬鬆上衣，指甲縫裡有泥

土。我們跟著園丁，拜訪花園裡的每個角落，瞭解這裡的有機農耕工程。這裡的一切都具有可持續性、可回收的特質，房子是手工蓋的，杯盤是回收的舊物，沒人使用任何化學肥料及農藥。新世紀的農耕不僅限於鄉村，都市人也可享有一塊有機農地，用自己的雙手，栽種健康的蔬果。這是個開放的空間，歡迎社區居民隨時參與。我把袖子捲起，跟著大家一起把手伸進土裡，拿起鏟子、耙子，鬆土、澆水、埋種子。我的臉上、花襯衫都沾了泥土，雙臂因施力而酸痛，皮鞋被我丟在一旁，赤腳貼地。

其實，我根本是個農夫。

為了養活九個小孩，我爸媽除了檳榔、貨運事業之外，還在彰化田尾的祖地上農耕，增加家裡收入。每到週末，我們全家都會在這塊田地上工作，姊姊們鋤地、除草、插秧，我負責把割下的雜草堆收集，搬運到田埂邊堆放。農事繁重，我們一家分工合作，沒時間叫苦，只有我這個么子會在田邊喊累，姊姊們疼我，都會把最輕鬆的工作留給我。中午時分，我們全家會坐在田邊的大樹下，吃村裡買來的肉圓。在田邊吃肉圓是我腦裡很清晰的童年回憶，沒碗沒盤，手裡只有一雙竹筷，撈塑膠袋裡的燙肉圓，喝清淡甘美的胡椒豆腐湯。快速吃完肉圓，大家又要馬上投入農事，除草是最繁瑣、費力的工作，別人家的女兒在週末出門逛街，我們家的女兒要認命地在田裡割草。那些生命旺盛的雜草很惱人，這週連根拔除，一週春風又暖雨，雜草馬上又佔據園圃。我收著姊姊們割下的雜草堆，好幾次，草蛇就躲在草堆裡，我一感覺到滑溜，馬上丟草走人，受驚的蛇追著我跑，我誇張

柏林廢棄的 Tempelhof 機場空地上，也有一群城市農夫就地種菜，
義工們搬來木箱與泥土，敲敲打打，打造了一個顏色鮮豔的城市田園。

的奔跑肢體與尖叫就成了田裡唯一的餘興節目。

我成長的過程，就是去農事的過程。高中我去了彰化市求學，離開了農村。大學到了台北，正式與自己的農村背景割離。我甩掉了鄉下口音，學美國腔調的英文，說趨近台北口音的國語。我越來越都市化，在我身上，完全聞不到農村的味道。那個在泥土裡翻滾長大的鄉下小孩，變成一個連室內小綠色盆栽都能謀殺的都市人。偶爾回到家鄉，我會感到焦慮，恨不得趕緊回到都市。

想不到在柏林這個大都市，我找回了一點泥土的自己。

W帶A來這裡當義工，幫忙釘房子，照顧植物，兩人不再劇烈爭執，一起種一小園圃的番茄，有了小小的共同目標。A說，來到「公主花園」，她才發現自己明明就有公主病。在台北，有父母呵護，連大學畢業後開始工作，都還是賴在家裡，手機帳單都是父母親在繳。女同志的身分讓她有許多掙扎，原本以為來到柏林，就可以海闊天空當自己。但真正進入一段伴侶關係，她才發現，完全無法獨立的自己，根本不適合走進兩人世界。她根本只想要找人養，不想要奉獻。所以，這柏林大冒險，最大的收穫

就是逼迫自己認識了自己。在園圃裡當義工，看著蜜蜂吸花蜜，聞著青草香，她發現自己的雙手除了可以拿名牌包之外，原來還可以栽種生命。

週末來拜訪公主花園，會看到許多家庭前來體驗田園生活，小孩們挖土澆水，認識自己每天盤子裡的食物來源。我注意看來這裡的大人們，許多很明顯都是典型的上班族，週一到週五開會、看股價、被公文啃食，週末來這裡摸摸泥土，整個人就會像是被滌淨過一般。社區裡有一個這樣的綠色園圃，心情不好就來這裡看看蔬菜，心一定會乾淨一些。

城市在未來，恐怕只會繼續擴張，所以，類似「公主花園」的綠色角落，就有存在的必要。這是一個綠色交會地，大人與孩子們能在這裡喘一口氣，吃一口有機的蔬菜，抓一把不受化學污染的泥土。柏林廢棄的Tempelhof機場空地上，也有一群城市農夫就地種菜，義工們搬來木箱與泥土，敲敲打打，打造了一個顏色鮮豔的城市田園。這裡有非常舒適的手工桌椅，任何人都可以坐下聊天。曾經是飛機起降的跑道旁，有這麼一小方開滿向日葵、種滿香草的花園，讓更多人，想起泥土的自己。

「公主花園」正在跟官方交涉，試圖延長租約，延續綠色的夢想。我咬一口紅番茄，

在請願書上簽名。番茄芬芳多汁，A跟W握著手凝視彼此。

我知道，她們在彼此的眼睛裡，看到了泥土。

Übersetzer

口譯真相

我在克羅埃西亞杜布羅夫尼克（Dubrovnik）古城著名的老噴泉歐諾弗里歐噴泉（Onofrio Fountain）旁坐著吃冰淇淋，貪看各國觀光客。突然，噴泉旁的民宅三樓，一扇綠色的窗戶被強而有力的嘶吼撞開，大家的視線都往上拋，看見一位白髮老嫗，揮舞手勢，對著噴泉周圍的遊客大罵。她的聲音穿透力強，時光、戰亂、年歲都是砂紙，把喉嚨磨成沙啞利器，透過謾罵把憤怒往噴泉古蹟傾倒，半小時尖叫獨白，毫無冷場，簡直演技派。

身旁幾個德國觀光客，拿起相機拍攝老嫗，惹來老嫗指著他們痛罵。一位德國人說：「要是有口譯就好了。」

老嫗究竟是厭惡觀光？喚雞罵犬？穢語狂瀾？或者只是單純訴說苦苦身世？不懂當地語言的訪客全然不知。此時若真有口譯傳達，臆測想像可停止，窗戶獨白就有脈絡了。

這幾年我在柏林擔任口譯，遇見了各個領域的知名人士，傳達語意之時，也聽到了許多故事。我在柏林第一次當口譯，就是柏林影展這種大場面。當時柏林影展透過譯者郝慕天（Martina Hasse，把李昂、龍應台、莫言翻譯成德文的譯者）找到了我，說正在尋找住在柏林的中英口譯，我馬上前往應徵。順利得到工作之後，我收到翻譯對象的名單，竟然是蘇慧倫。

當年，蘇慧倫與高捷，與導演陳芯宜帶著《流浪神狗人》來參展，我負責每次電影放映之後的觀眾對談口譯。在台灣一年十個月的軍旅歲月，我反覆聽著蘇慧倫的音樂，尤其是《戀戀真言》這張低調的專輯，真實的樂器、誠摯的唱腔，給了我熬過當兵歲月的勇氣。因為翻譯工作，蘇慧倫竟然就站在我眼前。在影展當口譯不只是考驗語言能力，面對台下幾百位各國觀眾，譯者絕對不能怯場，勇氣要飽。口譯必須抓取笑點、重點、語氣，忠實雙向翻譯，確保溝通不堵塞。此外，譯者還必須有辦法聽懂不同國籍的人所說的英

中國建築師王澍與妻子陸文宇在柏林世界文化之屋推出大型建築裝置作品「瓦劇場」。

文，各種腔調都要能理解。

這首次的柏林口譯經驗讓我發現，雖然沒受過專業的口譯訓練，但我的戲劇背景此時派上用場，我不怕觀眾，我熱愛電影，這樣的大場面，我不會腿軟。也因為擔任口譯，我有機會親口對蘇慧倫說：「謝謝妳的音樂。」

口譯者必須擁有快速筆記能力，啟動短期記憶，甚至抓取講者的語氣。接下來幾乎每一年，我都在影展擔任口譯，只要有華語電影來參展，觀眾對談、記者會、聯訪會上，我都是現場口譯。上場前，只要有機會，我都希望能與導演、演員們話家常，短短幾分鐘，說路途道天氣，我就能盡力抓取講者的口音、語調、用字，這對現場口譯有很大的幫助。也就在這短暫的閒聊問候裡，我聽見了許多。

侯孝賢友善，時差兇猛，行程緊湊，他依然親和。他拒絕充滿空洞致詞的飯局，對尋常小人物充滿興趣，再乾涸的場合，說到電影，眼神就大川奔流。他在柏林影展開講，對著台下影迷講了九十分鐘，我用掉兩本筆記本，順利完成口譯任務。我坐在他身旁，偷偷凝視他，或許是劇場的聚光燈，或者根本是侯孝賢本人，我確定，他發著光。這位對我成長影響深遠的導演，竟然，坐在我身邊，把語言託付給我。他說：「我還想拍電影，一定要拍。」

王全安的《白鹿原》入選競賽單元，但來柏林影展之前，硬是被官方剪去許多重要鏡頭。要是他執意帶完整的版本前來參賽，接下來在中國就別想拍片了。藝術家雖然不得不妥協，但他在面對各國媒體聯訪時，針對劉曉波、艾未未、中國電檢制度等議題，全都直言不諱，他要創作的自由。我在他身旁翻譯，目睹到北方漢子的直爽清脆。

對我來說，最可怕的口譯工作是影展記者會即席口譯。我坐在密閉口譯箱裡，透過耳機聽電影人與記者的話語，同時必須對著麥克風分秒無差進行口譯。口譯箱裡空氣不佳，立即翻譯的壓力讓空氣更混濁，汗奔髮燒舌燥腿曲，進一次口譯箱，老五歲。

但，此事真的神奇。五月天的石頭、范曉萱、趙又廷、李烈，都曾透過耳機來我的耳朵敲門，彈著唱著演著。此刻，他們坐在記者會上，耳朵上的耳機竟然傳來我的翻譯。我們的聲音，互相拜訪彼此的耳朵。

這幾年，我這口譯員還遇過李崗、侯季然、鄭有傑、張榮吉、張榕容、權聆、魏德聖、賈樟柯、楊雅喆、許肇任、黃裕翔等，都是熱情的人，不狂不妄，都有點傻，所以拍好電影。因為翻譯，我確認，黃裕翔的正面能量是真的，楊雅喆的反骨是真的，鄭有傑的反抗是真的。這些溢出電影銀幕之外的真實，我都忠實翻譯。

在影展的口譯經驗，打開了幾道門，我開始接不同領域的口譯。中學時代物理化學從沒及格過的我，竟然接下了化學工廠的口譯工作。我來到了德國東邊工業小城洛伊那（Leuna），進入充滿銀色管線的化學工業區，在大型化學過濾罐前，對著一群中國化學家翻譯化學名詞。對經濟、保險毫無涉獵的我，在知名的德國保險公司裡擔任會議口譯，主題是我一竅不通的「歐盟清償能力處理標準」。對工程、鐵道簡直無知的我，擔任德國高速鐵路的口譯。還有，我這位台灣來的口譯，竟然在漢諾威車展上，擔任中國駐德大使的中英口譯。

最讓我印象深刻的口譯經驗，則是擔任當時剛獲得普立茲克建築獎（The Pritzker Architecture Prize）的中國建築師王澍的口譯。他與妻子陸文宇在柏林推出大型建築裝置作品「瓦劇場」（Tile Theater），以在中國被拋棄的瓦片為主要媒材，創造了一個開放自由的對話平台，富含對權力政治的反動。他堅持建築必須符合可持續性，被中國急速現代化所拋棄的「老垃圾」，都成為他建築的寶物。因為口譯，我得以親近聆聽，建築師充滿中國文人的哲學思考，厭惡此刻中國大量採用的快速建築邏輯，重視回收。建築，就是他的反叛。

因為口譯，我跨過了專業、政治領域，進入了許多密境，坐在大師旁，學習了好多好多好多。其實，我也遇過傲慢、自大、淺薄。無妨，狂妄之人，都只是讓我更加確定，真正的大師，哪需要吠叫來得到注視。每次口譯，我都聽到了，許多難得的真相。

我的柏林履歷，多加一筆：我口譯過狂妄、謙虛、叛逆、自由。真相當然不只一面，但我慶幸，我曾以口譯，逼近真相。

我擔任中國建築師王澍與妻子陸文宇的翻譯。

Meryl Streep
在柏林遇見梅莉・史翠普

一九八三年，我在彰化員林的電影院，第一次遇見梅莉・史翠普。

漆黑的空間裡，一個巨大銀幕閃閃發亮，我專注凝視畫面裡那個金髮女人，超過兩小時的電影，我完全沒睡著。畫面上出現了床戲，我四姊用手遮住我的眼睛，限制級的，小孩不准看。我當時七歲，第一次進電影院，根本看不懂納粹、贖罪，但我情緒起伏，身體發熱。我清晰記得，片名叫做《蘇菲的選擇》，還有金髮的女主角有一場無聲吶喊的戲，讓我哭了。

上了國中，可怕的體罰束縛身體，我亟需出口。牆上堆滿VHS的錄影帶出租店，就成了我觀看世界的窗口。我找到了《蘇菲的選擇》，再看了一次，當時史觀仍稀薄，依然不懂納粹背景，但還是哭。女主角的名字，我牢牢記住了：梅莉・史翠普。

我開始在出租店裡尋找她的電影，看了《克拉瑪對克拉瑪》、《越戰鹿獵人》、《遠離非洲》，每部電影的角色差異都很大，她都有不同的說話方式與肢體，我找不到「真正」的梅莉・史翠普。

在柏林遇見梅莉・史翠普，那天剛好是情人節，有記者準備花束上台索吻，俄羅斯記者以她每部電影的經典造型做成俄羅斯娃娃，她一層一層打開娃娃，像個小女孩笑著。（陳思宏／攝影）

那些升學的灰暗日子，我靠著看VHS，確定這世界不是只在小鎮，外面很大，我想奔跑。我記得高中某個暑假，期末考成績單寄到家裡，我不用等家人打開信封，就知道裡頭裝著烏雲暴雨。我那天看了《來自邊緣的明信片》，發現梅莉・史翠普竟然會唱歌，我獨自跟著音樂舞動，暴雨轉晴，她讓我充滿了勇氣。我懂了，成績單，哪能定義我的存在呢？

到台北讀大學，《麥迪遜之橋》上映，我和朋友約在西門町看這部電影。一如預期，我把眼睛哭腫。那陣子我胡亂暗戀，看梅莉・史翠普選擇該不該開車門、奔向愛人的那場戲，痛快大哭一場，心情就好了。暗戀被我留在黑漆漆的電影院，外面，陽光大好。

於是我確定，梅莉・史翠普有療癒效用。

我開始研究她，近乎迷戀。透過她，我得知了方法演技，她潛入角色裡，梅莉・史翠普消失。不是演，而是活，難怪我找不到梅莉・史翠普。那千變萬化的精準口音與肢體動作，來自深厚的人文累積。那些動人的角色，都在爭自由。

我開始往外跑，再遠的地方都去。我帶著《遠離非洲》的原聲帶，到了肯亞。我造訪凱倫・白烈森（Karen Blixen）的故居，梅莉・史翠普以《遠離非洲》，讓這個傳奇丹麥作家在電影裡不朽。故居其實不是電影實際的拍攝地點，因為太狹窄，但梅莉・史翠普把戲中穿的一雙靴子，留給故居展覽用。我在非洲，近距離與大象對望，撫摸馴化的獵豹，看千萬紅鶴飛翔，徹底自由。後來，我又到了丹麥，拜訪哥本哈根近郊凱倫・白烈森的故居，她在這棟門前是海、後院是森林的房子裡出生，從非洲回到這裡之後，她就沒再回去非洲。離開故居，我在蔥綠森林裡的一棵壯實的老樹下，找到凱倫・白烈森的長眠地，我在她墳前坐下，聽風在樹裡嬉鬧，腦子裡都是《遠離非洲》的電影配樂。非洲，丹麥，隨時，我都想著梅莉・史翠普。

紐約的夏天，她在中央公園演布萊希特的《勇氣媽媽與她的孩子》，舞台上還有《蘇菲的選擇》的男主角凱文・克萊，票不用錢，排隊索票就是。我在隊伍裡排了三小時，計票人員出現，剛好算到我前面的先生，竟然就對著我說：「你不用排了。」我與後面幾百個戲迷就在街上跺腳抓狂。

在柏林定居後，終於，我遇見了，真正的梅莉・史翠普。二〇一二年，柏林影展頒發終身成就獎給她，她親自帶著《鐵娘子》來到柏林，接受影迷歡呼。我拿著記者證，提早了一個小時去記者會搶位置。她出現時，全場記者起立致意，我跟她不到兩公尺的距離，顫抖著。那天剛好是情人節，有記者準備花束上台索吻，俄羅斯記者以她每部電影的經典造型做成俄羅斯娃娃，她一層一層打開娃娃，像個小女孩笑著。

我發現各國記者都跟我一樣激動，梅莉・史翠普激發了這麼多人，我們今天都忘了記者的身分，我們都只是小粉絲。

真正的梅莉・史翠普，眼神犀利，身段也溫柔也強悍。她政治立場自由開放，痛恨膚淺父權體制，睿智直接。她的英文用詞高雅艱澀，GRE等級的單字都被她輕快運用。身體有強大的能量，謙虛很實在，自然老去的臉龐，優雅動人。

兩公尺的距離，我沒要簽名，沒搶合照。我變成七歲的我，傻傻地看著女演員，捨不得眨眼。

是的，看她電影根本是心靈治療。看《媽媽咪呀》，跟著她哭著唱 *The Winner Takes it All*；看《美味關係》，跟著煮勃根地紅酒燉牛肉；看《穿著 Prada 的惡魔》，跟著華服迴旋飛躍；看《遠離非洲》，整個身體飛越非洲大陸。這些電影讓我們哭著笑著唱著，心浸在梅莉・史翠普的演出裡，軟了，但也同時懂得堅硬的可能。身體，決定自由。

謝謝妳，療癒系女優。

Berghain
夜鬼

夜鬼第三次自殺之前，在我柏林家住了一週。

夜鬼自稱夜鬼，本人與名號緊黏，認識他的人都覺得合適。「鬼」在中文除了意指形體難定義的魂，還指對某事特別著迷的人，他不貪酒不是「酒鬼」，很敏捷非「冒失鬼」，但他只能夜裡行事，憎恨日光，月色裡靈活，真夜鬼也。

夜鬼來我的客房小住，歐洲夏天旅途中打尖。他行李簡單，小黑行李箱裝黑衣黑襪黑內褲，穿著黑夜走天下。到訪那天約好半夜十二點，我在沙發上等門睡到脖子痛，門鈴大響，鐘報時兩點。進門，擁抱，煮水，泡茶，餐桌上燃燭夜話，他喝茶吃糕話語滾滾，我瞇眼呵欠睡意洶洶。好久不見了，夜鬼說著他這次歐洲行的各地偶遇，現在手機真是方便啊，打開交友程式，就知道方圓幾里也有幾隻不睡的鬼，馬上交換照片，約好你家或我的住處，人很陌生，但體溫灼熱，眼神有尖鉤。他的各地約會故事很生猛，但我實在是太想睡覺，道晚安之後，他竟然說：「鑰匙現在就給我一份吧，我出門去，我查過地圖，Berghain離你家不遠。」

Berghain是柏林非常受歡迎的夜店，地處「十字山區」

Berghain 是柏林非常受歡迎的夜店，地處「十字山區」與「斐德里斯漢區」兩行政區交界，業主取兩字尾為夜店名。

（Kreuzberg）與「斐德里斯漢區」（Friedrichshain）兩行政區交界，業主取兩字尾為夜店名。Berghain以電子音樂聞名，培養了許多知名DJ，許多年輕人來柏林不去菩提樹下大道，也不訪柏林圍牆，就只為了進入這家夜店。此地前身為發電廠，白天乍看就是一個大型的荒廢場所，夜裡，只要有營業，不管下大雨或者飄著雪，總是會有長長的隊伍等待著進入夜店，排上兩個小時是常有的事，被拒絕入場也不稀奇。越難進入，越讓人想窺看。夜店的守門人史芬・馬爾侉特（Sven Marquardt）是個名人，他是個唇上有穿金屬環的兇猛大叔，掌管舞客是否能入場，本身也是個非常知名的攝影師。Berghain外觀保留廢棄模樣，內裝也是斑駁粗糙，寬廣的空間有迷人的鬼魅氣息，強烈樂音浪濤，舞客激情擺動。這裡保有縱情聲色的地下派對氣氛，肢體浪蕩，道德拘束都留在室外，廢墟歡迎非主流，寬衣散髮敞胸，不會有人嚇阻。我曾和朋友來過，很幸運地被守門大叔快速放行，省去酷寒等待。此地電音極佳，舞客浪湧，

我特別喜歡樓上由知名攝影師沃夫崗・提爾曼斯（Wolfgang Tillmans）設計的「全景吧」（Panorama Bar），擺設隨興毫不做作，色調質地粗獷，坐在吧台喝一杯，看盡滿室的慾望流動。

夜鬼到柏林的第一晚就去了Berghain，隔天中午才回到我家，馬上進客房昏睡，我用完晚餐，他才醒來。當晚我十點就昏昏欲睡，他在客廳裡伸展做瑜伽，準備晚上要去另外一家夜店。夜鬼不懂，為何我只能早睡，晨起梳洗工作，根本像個上年紀的人。我從小就是個向陽的人，無法熬夜，喜歡早起。上中學後課業重，根本沒辦法早睡，姊姊泡濃咖啡給我，一杯下肚，身體暖灶，床鋪溫柔呼喚，咖啡因在我身體裡起不了作用，頭一依枕，馬上可以睡滿七小時。陽光炤炤，我身體才會充滿能量，所以早晨是我寫作能量最高的時刻，天色一暗我就很難專心，咖啡濃茶懸樑刺骨冷澡裸奔都擋不了我的睡意坦克，夜裡硬趕出來的稿絕對是焦土。

夜鬼邊做瑜伽，邊拿出藥罐，吞下藥丸。見我皺眉，笑著答：「你以為這是什麼？拜託，要不要看處方箋？你的表情，怎麼那麼像我媽啦。」

連續數晚，夜鬼晚上出門訪夜店，隔天我的早餐時刻，就會聽到他鑰匙轉動大門的聲音。他進門，把自己往沙發上甩，眼睛火紅，臉色蒼白，大讚柏林：「你住柏林真是幸福！有這麼多下流好玩的地方！」他去了舞池灌泡沫的派對，只穿內褲才能入場的派對，游泳池派對，陌生人家裡私人派對，森林月光派對。他脖子有吻痕，穿了新朋友的襯衫回來。對許多年輕人來說，柏林的確是派對天堂，週日早晨的市中心街頭，總會看到許多剛離開夜店的年輕人，鬧酒喧嘩歡唱，或者直接倒睡在地鐵的椅子上，身上衣服有吐漬，但臉上有笑容。我喜歡觀看狂歡的年輕人，那是用盡全身力氣的享樂，暢酒扯嗓，熱度可比火山。其實年輕傻一點好，縱情也是學習，張狂開展是自由。反正，能張狂幾寒暑呢？

所以我特別佩服夜鬼，我們都趨近四十歲，我上次去夜店跳舞是兩年前，他卻是夜夜如跨年，柏林的夜多情且不眠，夜鬼來對地方了。

週六早晨，我出門買麵包，發現夜鬼坐在門口，呼吸急促。我趕緊把他扶進客房，倒了水，遞熱毛巾。夜鬼眼神失焦，唇發紫。我正準備打電話求救，他阻止我，不讓我打電話。他反覆說：「我好累。我好累。我好累。」神情欲泣，但眼裡無淚，眉間的皺有海溝深。

「我已經好幾天沒睡了。睡不著，真的睡不著。你家好舒服，但我就是睡不著。藥根本沒有用。」

原來，他每日從夜店歸來，躺在床上，身體疲累瘦痛，但就是無法入睡。他問：「我看你隨便一躺就是睡。你怎麼辦到的？」

我答不出來，睡，其實根本是我的才能。坐公車、地鐵我很能睡，坐朋友開的車，聊兩句話我就睡著，直到目的地。

飢餓在我的肚子裡撞擊，嗚鐘要飯。我說，跟著我過一天吧。我要先吃早餐，早上去土耳其水果攤買菜，下午要去搭船、健行，拜訪水邊的教堂。沒什麼霓虹閃爍電音敲打，但這個星期六，陽光這麼火熱，我就是想把腳放進涼涼的湖裡。

我們搭上開往萬湖（Wannsee）的火車，夜鬼依然墨鏡黑衣，陽光在他白皙的皮膚上烤肉。他喝著熱咖啡，啃著麵包，整個人看起來精神一些。我們一路討論著夜店，我說我喜歡跳舞，但厭惡菸味，夜店的菸鬼多，實在無法忍受。德國室內全面禁菸之後，舞池空氣好很多，但我實在是個太愛睡覺的人，午夜是舞客光臨時刻，剛好是我熟睡分秒。夜鬼說，他從小就都是一個人，沒朋友，爸媽忙，上高中之後，爸媽移民美國，在台北留下大公寓給他。他第一次去夜店，就發現那種擁擠是他渴求的，肢體摩擦，彷彿孤僻的他終於是群體的一份子，舞池裡有種歸屬感。還有，夜店裡總有種性的味道，酒杯鏗鏘，眼神打水漂，陌生人擲來慾望，他就覺得有被愛的可能。

我認識夜鬼很多年了，等愛尋愛棄愛，對象換了好多，唯一沒變的，就是那眼中的孤獨。多年前他的父母在美國車禍，皆歿，不顧眾親戚，他就是不肯去參加喪禮。我當時住在中和，他來找我，說叔叔舅舅都在罵他，連朋友都覺得他無情。但他覺得無情的，其實是爸媽。

我們在萬湖湖畔搭上渡輪F10，穿過萬湖，前往對岸的舊克拉朵（Alt-Kladow）。渡輪F10隸屬柏林大眾運輸系統，只要持有一般車票就

慢走一小時，我們抵達我最愛的湖邊小教堂「薩可爾港口的救世主教堂」。

可搭乘，而且自行車也可上船，我常來這裡搭船騎車。這班渡輪觀光客不多，鬱悶時來搭船，看岸上翠綠、湖上鴨划，迎來的涼風把髮吹亂，脫掉上衣曬太陽，心就會少很多淤積。夜鬼的髮在風裡糾結，我笑著說：「你原來這麼多白頭髮啊，以前都沒注意到。」夜鬼做了個鬼臉說：「鬼也是會老的。」

舊克拉朵是個湖邊純樸小鎮，許多自行車友一下船，就趕緊跳上車，往森林裡騎去。我打量夜鬼：「我們現在要穿過小鎮，走進森林，去湖邊小教堂，你確定有體力？」夜鬼聳肩：「暫時死不了啦。」

沿著湖邊小徑，我們開始健行。這條路，我帶過作家甘耀明、台北的編輯朋友W來走過，一路上有些人家，但很難得會遇到人，鳥大鳴，林相完整。在森林小徑上行走，夜鬼突然說：「你知不知道我死過兩次？」

很多年前，我和他在倫敦見面，在街邊的咖啡館聊天時，他突然說：「有沒有看到隔壁桌那兩個女孩，正在開藥罐？那是憂鬱症的藥。我吃了副作用很大，後來都把藥丟掉了。」我沒多問，因為我知道他根本不喜歡被探測。那是他第一次跟我訴說憂鬱，但僅止於此。我知道，他無法負荷更多一點的透露。

慢走一小時，我們抵達我最愛的湖邊小教堂「薩可爾港口的救世主教堂」（Heilandskirche am Port von Sacrow）。這個仿羅馬式的教堂建於一八四一至一八四四年間，古典優雅的建築本體就蓋在水邊，還有一個鐘樓。東西德分裂期間，柏林圍牆就經過教堂門前，教堂被封鎖，在肅殺的氣氛裡逐漸受損。柏林圍牆倒塌之後，重建開始，如今這個小巧的教堂重拾光華，但由於抵達不易，觀光客一直不太多。我特別喜歡在晴朗的日子來訪，日光照在棕黃的教堂外牆上，金黃閃耀，摸摸教堂廊柱，走下階梯，脫了鞋把腳放進冰涼的湖水，腳趾舒放，臉上就有微笑。

夜鬼和我倚著教堂廊柱聊天，看湖上小船，聽教堂鐘響。

忽然，夜鬼就睡著了。有孩子與父母來訪，跑著鬧著，竟也沒吵醒他。

風好，水好，陽光好，我讀著書，啃蘋果，不打算吵醒在湖邊教堂睡著的夜鬼。

隔天，他提早結束歐洲旅程，飛回台北。

回台北後，夜鬼又死了一次。

他在醫院用手機傳訊息給我：「這次，我一直想到那個教堂。我的皮膚紅紅的，就是在那裡曬傷的。好痛。」

突然，我覺得有些許的放心。有痛覺，表示真的活著，還未真正成鬼。

我想到那天在水邊教堂，夜鬼醒來後，像個孩子，踢著鬧著，作勢要跳入湖裡。鬧了一陣後，他靜下來，看著水面說：「我剛剛，夢到我媽。」

Mütter

說母親

我們不斷敘述母親。

德國朋友埃莉的母親來柏林拜訪，新男友也一起來。埃莉的潔癖眾所皆知，但為了迎接母親，她舉辦了「清潔派對」，請幾位也有潔癖的朋友共同打掃她家，務求無垢無塵。原來，埃莉的母親是極端打掃狂，專門挑剔女兒公寓裡的清潔度，埃莉恨不得把房子拆了，丟進洗衣機，九十度高溫燙洗。我當然不可能出現在這種派對的賓客名單上，埃莉來我家聊天，一直對著我牆上的書、床上未折的棉被、閒置的碗盤、地上的灰、沒掛好的壁飾皺眉，最後她索性躲進我的浴室，以刷洗，搗住幾乎要衝破喉嚨的髒話。我當然沒阻止她的刷洗，事實上，她根本是我最愛的客人。

在我苦苦央求下，她終於答應讓我參加這個派對。我出門前細細梳洗，耳背、腳板都去角質，穿上剛從乾洗店取回的潔白襯衫，髮式平整，口氣清新，深怕被一群清潔狂逐出派對。

撢、拂、拭、磨，我全程以觀賞神聖儀式的心情，凝視這些動詞的最高執行境界。一群人安安靜靜地把最微小的汙垢趕出家裡，神情似乎莊嚴，但明明喜悅。

幾天後，埃莉來我家喝茶，氣憤地訴說母親。母親一踏進公寓，以嫌惡的表情批評柏林市區的髒亂，她環視公寓，皺眉說：「難怪妳這麼喜歡柏林。」但讓埃莉崩潰的，是母親的新歡。這位男士，是埃莉高中時的男友。

我遞上吸塵器、刷子跟清潔劑，給她一個擁抱：「來，今天，我家讓妳掃個夠。」我出門買菜，讓她在我家盡情進行刷洗治療，直到她無法以A到Z字母的分類方式整理我的中文書籍為止。她一臉苦說：「為什麼別人的母親都很簡單呢？」

幾天後，我回到台北，與許多老友聚會。我們在不同的餐廳、咖啡館敘舊說新，話題繞啊繞，總是會回到母親身上。

W說，她的婆婆剛去世，身為獨子的丈夫非常哀痛，希望妻子一起稀釋悲傷的濃度。但W哀悼的方式顯然與丈夫的期待有落差，丈夫說：「媽媽的喪禮上，妳根本哭得不夠大聲。」

J說，母親曾對她說：「妳是一時性衝動的結果。當年我哪知道什麼叫避孕。」

H說，母親跟他一起坐在沙發上，茶几上擺著計算機。母親把從小到大生養他的開銷，一筆一筆算給兒子看。加號鍵快被按壞了，一個精心計算的數目終於出現。母親說：「以後你出去工作，要把這筆錢還我。」

P說，母親剛被檢驗出乳癌，末期。母親篤信基督教，不肯開刀治療，要把生命交給上帝。

A說，母親至今每天晚上打電話給她，問她晚餐吃了什麼。有一天，A在非常忙碌的狀況下，衝動說出：「媽，我都快四十歲了，妳可不可以不要每天打電話問我晚上吃什麼？我跟妳說，我在減肥，我晚上七點以後都不吃東西！」母親在電話那邊靜了幾秒，哭著說：「我都快死了，妳可不可以每天都讓我聽到妳的聲音！」換A靜了，死亡是王牌，沒有適合的詞彙可以用來頂嘴。母親在掛上電話之前說：「不可以不吃晚餐，我明天晚上再問妳吃了什麼。」

M說，母親自殺後，留下一整個抽屜的憂鬱症藥丸。他不敢丟掉這些藥，他怕母親鬼魂回家，找不到藥吃。他希望成鬼的母親，可以快樂些。

C從柏林寫電子郵件來，請我去台北找些具有「異國風味」的小玩意帶回去柏林。他的母親，熱愛異國物件，交過的男友，國籍從未重複。C說，母親最新的男友，是小她三十歲的非洲政治難民。

當身邊人都在說母親時，我也說。我說。我說。我，說。說到母親，我必須慢慢，說。

我在柏林，夢見了母親的死亡。

夢後三天，母親在我彰化永靖老家門前被一輛高速的車撞上。母親的身體，撞上白色轎車的擋風玻璃。玻璃凹陷，母親碎裂。

我無法解釋，為何在母親出事前三天，那樣的夢境會找上我。夢裡，母親領我去一個黑暗、販賣腐物的破敗市集購物，周遭死灰，惡臭沖鼻，塞車喧囂。我尾隨著她，現實生活當中話語珠串的她，在夢裡卻無語。夢境鏡頭切換，我們離開了市集。我們一起站在陽台上，母親突然往下墜，躺在冰冷的水泥地上。有血。

我呼喊驚醒，嘔意來襲。我馬上試著打電話回台灣，但電話那頭，沒人回應。

三天後，我的手機上，出現了六姊的台灣電話號碼。在六姊哭喊之前，我就已經知道，她要說的那句話：「媽出事了，快回台灣！」

幾天後，我在母親的靈堂前，折著紙蓮花。警察來訪，手上的檔案夾裡，有許多車禍現場的照片。我看著那些照片，指甲猛力陷入手心。那照片裡的色調、血跡、車輛，都在事發三天前，來夢裡找過我。

紙錢燒盡，靈堂撤離，母親成灰，進罈長眠。母親的喪禮大致遵照台灣禮俗，有跪拜，有燒紙屋紙人，繁瑣累人，大家都沒有時間好好靜下來面對母親的死亡。

我回到柏林之後，才躺在床上，哭了一天。

那個夢境，困擾了我很久。母親車禍大約一年後，我再度造訪了同樣的夢境。夢裡場景同樣是那個腐灰市集，但這次風暖花紅菜鮮魚肥，市集裡滿滿都是購物人潮，每個臉孔，都是不同人的母親。我的母親，引領我在市集裡慢慢往前走。這時，我才認出，這裡就是故鄉永靖人稱「大菜市」的傳統市集。母親回頭，波浪黑髮，臉頰豐腴，少婦姿態。她對著我笑了笑，把我留在原地，走進濤濤人群。

我哭著醒來，放了一缸過熱的水，把自己全身燙紅，淚讓浴缸更滿。

然後，我心裡的某個緊緊的關卡，就鬆開了。

透過夢境，我終於與母親道別。

我在柏林跟埃莉說了我的母親故事，她解開頭上的髮帶，任由頭髮散亂，肩膀鬆弛。她說：「你知道嗎？我是個沒有夢的人。但只要母親一靠近我，我就開始做夢，色彩很鮮豔的夢。很討厭的夢，但我好喜歡。」

突然，埃莉的母親打電話來，語氣憤慨：「這幾天妳外婆負責去幫我餵貓，我剛打電話回去問問貓的狀況，她竟然跟我說：『妳的貓，真髒。』」

原來，母親也說著她們的母親。

我與母親陳林金蟬。

Friedhof Weißensee
請，讓我走

德國好友阿辛的母親從外地來訪，說要深談生死重大之事。剛過七十五歲生日的她，獨居悒鬱，顏上無樂。在阿辛的記憶裡，母親長年髮染墨，只穿黑，杜絕任何鮮豔。肌膚長久近墨，時光無聲黥面，她把自己活成一疊黑白照片。

她很早就離婚，兩個兒子長大離家後，她就開始獨居，多年來不同的男友來去，但她從沒再婚。她現在有一位英國男友，是個和藹的英國老紳士，不定期會到德國來探望她。她每次來柏林，大約兩天之後，母子就會開始吵架。阿辛不喜母親的嘮叨與負面思考，母子拌嘴，總是母親落淚、兒子道歉落幕。我是局外人，以前面對我自己的母親，也非常容易說出馬上就會後悔的話，但是面對別人的母親，少了複雜的共同家族情緒記憶糾葛，我就有耐心聆聽喋喋不休。因為事不關己，嘮叨聽來都是故事。

阿辛打電話來，說他們要去拜訪柏林「白湖猶太墓園」(Jüdischer Friedhof Berlin-Weißensee)，央求我同行。他說：「我們一定會在墓園裡吵架，那場面很難堪。你在的話，我們就不會打擾死者了。」

每次有台灣朋友問我，有什麼私房柏林景點可推薦，我都會想到「白湖猶太墓園」。此墓園於一八八〇年開放，位於柏林白湖區，聚集了十一萬五千多個墓。此墓園佔地廣闊，無數的猶太人在這個四十二公頃的森林綠地裡長眠。在這裡安息的猶太人，大部分都在第二次世界大戰之前過世，所以他們沒經歷過恐怖的納粹屠殺。納粹取得政權後，亟欲根除猶太文化，屠殺迫害，到處破壞猶太社區，但這座離市區其實並不遠的巨大猶太墓園，竟然躲過了納粹搗毀與戰爭轟炸，以最完整、原始的樣貌留存下來。

但大部分的台灣朋友一聽到是墓園就皺眉，怕魍魎沖煞，懼死亡氣息。或許，當年的納粹，也怕鬼？

其實，「白湖猶太墓園」一點都不陰森。

我們三人走進墓園，天冷葉凋，我和阿辛依俗必須戴上猶太小帽，一陣涼風從墓園深處往我們襲來，給我們一個冰涼的擁抱。風涼，人靜，語停，城市的喧囂被墓園的圍牆阻隔在外，這裡頭，時間緩慢行進。

「白湖猶太墓園」其實是一座幽深的城市森林，樹木

阿辛母親，於「白湖猶太墓園」。

莽莽，花草蔓延，林間小道錯綜成迷宮，墓碑密密麻麻，藤蔓恣意生長。春夏有粉蝶，鳥叫蟲鳴，樹叢裡總有動物在追逐狂歡。有一次，我還看到了一隻毛色晶亮的狐狸。在這裡，有許多設計華美的家庭墳墓，樑棟精雕，石材考究，定是富貴人家。只是，超過一世紀的時光總有其兇猛力道，許多墓室傾毀，當初的綠漆金粉紅牆褪了色，但，莊嚴仍在。

戰爭的離散把家族丟到世界各角落去，有許多猶太後裔，千里迢迢來此尋找親人的安息地。掃墓者，依猶太禮，把石頭置放在墓上，追思如石，堅硬難摧。

墓園裡，母子倆暫時休兵。阿辛的童年，在父母的激烈爭吵當中度過。父母離婚後，他與母親同住，失婚讓母親深受打擊，整天哭，無法行動。阿辛小小年紀，就開始燒菜洗衣照顧母親。但是母親從未學會當母親，繼續當哀悼生命的黑衣人。阿辛青少年時獨自搭火車去葡萄牙，回家那天，特地搭上早一班的火車，要給母親驚喜。他一踏進門，母親沒擁抱沒親吻，只是眼神冷冷地看著他的腳說：「你進門沒有脫鞋，髒。」

成年後，阿辛離開家鄉，再也不回頭。

「白湖猶太墓園」。

在森林深處，阿辛媽媽坐下歇腿。我們一路無語，貪看墓地，毫無懼怕，反而心澄思靜。高大的群樹守衛死者，也給訪者安定，粗實的樹幹，看了摸了抱了，引人打呵欠，想好好地在樹林裡，深深眠去。

阿辛的媽媽說：「阿辛，我準備好了。這幾天，我們去把幾個重要的文件辦妥。再不辦，我怕太晚了。」

接下來幾天，母子倆去了行政機關、醫院、銀行。阿辛簽署了許多銀行文件，擁有母親的銀行帳戶接管權。一張具有法律效率的小卡，放進阿辛母親的皮夾裡，小卡上寫著，若是此持卡人病倒，請聯絡她的兒子阿辛，他有權力決定重大的醫療措施。阿辛的母親，希望自己在失去表達自身意志的能力時，阿辛能替她決定，不要進行任何侵入式的醫療急救。她不要讓現代的科技短暫延長她的生命，她準備好了。

以華人家庭的眼光來看，阿辛與母親的關係非常疏離，一年頂多見兩次面，平常絕少通電話。獨居老人在德國不是少數，大部分人終老之時，都不是跟子女同住，有老伴的就互相扶持，獨自一人的，就去養老院，或者獨居。「孝順」這個詞彙，在德文裡根本找不到完美對應的單字。在許多文化裡，終老有龐大的家族支持，數代同堂，敬老扶老。但德國講求獨立自主，面對老去、死亡，再痛苦再孤單，人們也必須理性自己做決定。

德國是個社會福利國家，終老醫療照顧，基本上由國家負擔起責任。住養老院不代表被家庭遺棄，而是積極地面對剩餘的人生時刻。如果不去養老院，也可以雇用專業看護，每天到府給予生活上的協助。若是親人、鄰居、或朋友擔負起照顧責任，政府會依照被照顧者的健康等級，每個月給予二百三十五、四百四十，或七百歐元的薪水。這裡不強調孝順倫理，但有社會福利政策。

總是，會想到張愛玲。那清儉的死亡，死時無人聞問的絕對孤單。還有香港電影《桃姐》，那過度狹窄的老去蝸居。

我呢？我會如何老去？

柏林是一個活力十足的大都市，年輕人在此呼吸自由的空氣。但，柏林並不是一個尊老的都市。地鐵裡、公車上，根本沒有讓座文化，在搖晃車廂裡，常可以看到一群青少年坐著笑鬧喝啤酒，而持拐杖的老人卻站著顫顫巍巍。超市裡，老人家付錢的速度慢，排後面的年輕人不耐煩，抱怨了幾句，全傳到老人家耳裡。城裡沒有完全落實無障礙設施，對

「白湖猶太墓園」。

GEB. 6.12.1872

ROSALIE ERNST

於需要輔助儀器的老人，幾個台階就是一整天的折磨。

大城市裡，派對狂歡很容易，但是老去，談何容易。

住台北的好友美光說，未來想找一塊地，蓋一棟公寓，讓未嫁未娶的、不受任何法律保障的同志、孤單孤僻的朋友，一起住，樓上樓下一起吵架、打麻將、煮火鍋、出遊、上醫院掛號、道人長短。吵吵鬧鬧，一起老。

一起，比較有力量。

獨居者，更需要力量。

在「白湖猶太墓園」，一身黑的阿辛媽媽找到了某種勇氣。或許是因為，墓園裡那些古老的大樹、傾倒的墓碑、響亮的鳥鳴。又或許是，決定的時候到了。

她堅定地說：「阿辛，我不要任何急救。時候到了，請，讓我走。」

Y　角　度　030

柏林繼續叛逆（增訂新版）

國家圖書館出版品預行編目（CIP）資料

柏林繼續叛逆／陳思宏著 . -- 二版 . -- 臺北市：健行文化出版事業有限公司出版：九歌出版社有限公司發行，2023.12
224 面；17×23 公分 . --（Y 角度；30）

ISBN 978-626-7207-47-5（平裝）

1. CST：旅遊文學　2. CST：德國柏林

743.719　　112017842

作　　者——陳思宏
攝　　影——Achim Plum
責任編輯——曾敏英
發 行 人——蔡澤蘋
出　　版——健行文化出版事業有限公司
台北市 105 八德路 3 段 12 巷 57 弄 40 號
電話／02-25776564・傳真／02-25789205
郵政劃撥／0112263-4

九歌文學網　www.chiuko.com.tw

印　　刷——前進彩藝有限公司
法律顧問——龍躍天律師 ・ 蕭雄淋律師 ・ 董安丹律師
發　　行——九歌出版社有限公司
台北市 105 八德路 3 段 12 巷 57 弄 40 號
電話／02-25776564・傳真／02-25789205
初　　版——2014 年 2 月
二　　版——2023 年 12 月
定　　價——360 元
書　　號——0201030
I S B N——978-626-7207-47-5
9786267207482（PDF）
9786267207499（EPUB）